# *La prochaine fois, je vous l'écrirai...*

P. 209 : Henri Michaux, « Seigneurs de la Mort », in *Ecuador*, © Éditions Gallimard.



Les Arènes
17-19, rue Visconti, 75006 Paris
Tél. : 01 42 17 47 80

Pour découvrir nos nouveautés, rendez-vous sur notre site arenes.fr.
Retrouvez les vidéos inspirées de nos livres sur la chaîne YouTube
« Les Arènes du Savoir ». Et suivez-nous sur les réseaux sociaux !

@les_arenes

# Philippe Meyer

# *La prochaine fois, je vous l'écrirai...*

LES ARÈNES

*Pour Roselyne Bachelot, sa liberté,*
*son cœur à l'ouvrage, son entrain, son cran, son amitié.*

*Pour François Morel, ses mots, ses chansons,*
*sa camaraderie immarcescible, et pour trois jours en juin :*
*en 1989 à Chaillot, en 2016 à l'antenne,*
*en 2021 à Espalion.*

*Pour Julien Neuville, qui n'a pas eu peur de donner*
*sa chance à un podcasteur septuagénaire.*

*Pour Benoit Carré, qui aurait mérité Michael Caine,*
*Laurence Olivier ou Tom Wilkinson.*

# SOMMAIRE

# Introduction

# Qui m'a fait moi?

La chanson, encore la chanson, toujours la chanson. Yves Jeuland en faisait revivre l'un des plus charmants passé dans un riche documentaire où l'on respirait le plaisir de vivre, la liberté, la confiance en l'avenir, la jeunesse. *Il est minuit, Paris s'éveille* rendait visite à ces cabarets durables ou éphémères, sortis de nulle part dans les années 1950, presque tous sur la rive gauche. La chanson y avait prospéré durant vingt-cinq ans, adoptant toutes sortes de langages, de musiques et d'instruments, s'essayant un peu à tout, ouvrant ses portes à qui frappait, laissant à chacun le soin de comprendre s'il s'était, ou non, trompé d'adresse. À L'Écluse, quai des Grands-Augustins, Brel, emprunté, faisait de timides premiers pas, Barbara le suivait qui chantait Brassens de biais derrière un piano droit, Noiret et Darras, à peine dépouillés des costumes de l'*Henri IV* de Pirandello qu'ils donnaient au TNP de Vilar, accommodaient Louis XIV et Racine à la sauce loufoque, Léo Ferré les avait précédés, juste avant le mime Marceau... Sur les scènes non moins minuscules de La Fontaine des Quatre-Saisons, de L'Échelle de Jacob, de La Rose rouge, de La Colombe, du Milord l'Arsouille, du Port du Salut ou du Cheval d'or défilaient Anne Sylvestre, Serge Aznavour, Cora Vaucaire, Jean Rochefort, Christine Sèvres, Serge Lama, Jean Poiret et Michel Serrault, Guy Bedos, les Frères ennemis, Pierre Perret, les Frères Jacques et quantité d'inconnus désireux de devenir artistes et promis à des avenirs fort contrastés.

C'est de cette éruption luxuriante que Jeuland avait entrepris de raconter l'histoire, non avec mélancolie, mais au plus près de l'humeur de l'époque. Son compatriote carcassonnais, Henri Gougaud, ancien pensionnaire de L'Écluse, l'y avait aidé. Je le connaissais non de vue, mais d'oreille. Dans les années 1970, il avait imposé à l'antenne de France Inter un genre en plein renouveau, le conte. Tout faisait de lui un narrateur captivant : son timbre cuivré rehaussé de la pointe d'un accent capiteux, son sens très musical du phrasé et du rythme de la narration, sa capacité à s'adresser aux auditeurs comme s'il mettait chacun dans une confidence. Il avait été l'une de mes voix, j'étais devenu l'une des siennes. En sortant de la projection, avec Yves Jeuland et Jean Rochefort, nous nous sentions en famille. Gougaud me demanda mon âge. « Ça nous fait pile dix ans d'écart. Quand tu avais 16 ans, Meyer, qu'est-ce que tu voulais faire ? » « Je n'en savais rien, mais je savais une chose : je ne voulais pas de patron. » Un silence. Dans le sourire et le regard de Gougaud la chaleur s'intensifie. « Moi non plus, à 16 ans, je ne voulais pas de patron. » Un nouveau silence. « Eh bien, tu vois, on a réussi. »

Cette affirmation qui nous réjouissait, nous enorgueillissait et nous rapprochait n'était qu'une demi-vérité. Pour être complet, notre manifeste aurait dû s'énoncer : « Nous ne voulons pour patrons que des gens que nous pouvons reconnaître comme tels. » Pareil mantra met dans l'existence de celui qui s'y tient son lot d'épisodes agités, de conflits, de départs. À l'adolescence, renvois et fugues, à l'âge adulte, démissions et licenciements. J'en ai eu plus que mon content, mais j'ai toujours un mouvement de recul lorsque j'entends quelqu'un se vanter d'avoir vécu de telles péripéties et en laisser déduire une preuve de sa fermeté de caractère comme de l'excellence de sa nature. Je ne dis pas qu'il n'existe pas de vrais insoumis, mais j'ai peur, si je me regarde dans un miroir, que bien des moments de rébellion ne soient imputables à l'absence, aux côtés du rebelle, surtout si la famille et l'école ont failli, d'un être bienveillant capable non de châtrer ses indignations, ses colères et ses aspirations, mais de lui apprendre à les exprimer d'une manière qui ne lui fasse pas plus de tort qu'à ceux à qui il s'oppose. De lui mettre dans la tête un peu du plomb de la stratégie. De lui enseigner la différence entre témérité et courage.

Ne pas vouloir de patron, ou plutôt, donc, ne vouloir pour patron que quelqu'un que je reconnaîtrais comme tel, ce fut, au long des années, espérer un pareil appui, chercher pareil compagnonnage. Plus âgés ou plus jeunes, celles et ceux qui m'ont accordé le leur ont souvent ouvert une nouvelle porte au moment où venait de se fermer une issue. Ils ont permis que, même chaotique, mon chemin permette un voyage et non une errance. Ce livre est fait des portraits de quelques-uns et de quelques-unes d'entre eux et de la célébration de deux lieux qui ont fait de moi qui je suis : la radio et la scène. Nommer ma dette ne suffit pas à la payer. Peut-être même cela l'aggrave-t-il. Après tout, comme le disait Victor Hugo cité un jour par mon instituteur de CM2 : « Il y a, dans l'admiration, je ne sais quoi de fortifiant. »

# Un amour de jeunesse

La libération de la parole, à moins que ce ne soit la montée de l'individualisme et du besoin corollaire de se singulariser, ou peut-être l'appétit pour le quart d'heure de célébrité promis à tous par Andy Warhol, ou encore, allez savoir, l'envie de poser sac à terre, de délivrer ses épaules de son poids et de le vider d'un linge sale dont la puanteur avait fini par s'insinuer dans les recoins de l'existence : quelles qu'en soient les raisons – à supposer qu'elles ne s'additionnent pas –, les récits d'une enfance malheureuse, maltraitée, esquintée, blessée et même pire ont été si abondants, ces dernières décennies, que quiconque veut évoquer la sienne doit faire attention à garder la mesure, et se montrer concis et sobre. La Folcoche d'Hervé Bazin ferait pâle figure dans la galerie des mères indignes d'aujourd'hui ; les lamentations du

Sagouin de Mauriac iraient rejoindre les sanglots de Poil de Carotte dans le tout-venant des cahiers de doléances. Disons donc que, pendant toute mon enfance, je n'ai pu compter que sur moi-même, sous le gouvernement d'une mère de sept enfants qui avoua un jour que sa devise était « Diviser pour régner ». Une grand-mère, une marraine et un parrain obtenaient pour moi quelquefois une permission de sortie.

J'ai donc vécu avec la radio. La plupart de mes samedis et dimanches se passent seul, dans ma chambre, à lire, ou au salon, en compagnie d'un gros poste de radio Telefunken (*Deutsche Qualität*). C'est un appareil doté d'un œil vert lumineux, composé de différentes pales comme celles d'un kaléidoscope. Elles se rapprochent puis se ferment lorsque l'on atteint la fréquence d'une station émettrice. Assis dans le canapé, je trompe l'ennui en passant d'une radio à l'autre. Un beau jour, l'œil vert se ferme sur le son d'un piano. La beauté simple de ce que j'entends m'empêche de continuer à jouer avec la molette chercheuse. Lorsque les notes s'interrompent, une voix grave déclare avec componction : « Nous venons donc d'entendre la première des versions que nous écouterons à l'aveugle du premier prélude en *do* majeur du *Clavier bien tempéré* de Jean-Sébastien Bach. Je vais maintenant, messieurs, vous demander vos avis... Jacques Bourgeois ? » Un timbre tout autre, léger et un peu maniéré entonne une plainte : « Ah non, vraiment, c'est trop rapide. On ne peut pas jouer ça comme ça, si vite, même Tatiana Nikolaïeva ne joue pas aussi vite... » Le reproche est bousculé par un grondement émis avec un accent qui charrie les *r* comme des cailloux : « Oui, enfin ça dépend parce que dans sa dernière version, elle joue si vite qu'on pense qu'elle a peur de rater son train. » La voix solennelle s'assombrit : « Écoutez, Goléa, je vous en prie, ne mettez pas déjà le désordre et tenons-nous-en à notre sujet : vite ou pas vite, Jean Roy ? » Sort alors du poste un ton posé, un peu traînant : « Écoutez... Vite ou pas vite, vous comprenez... dans la mesure où il n'y a pas d'indication de métronome du temps de Jean-Sébastien Bach parce que le métronome n'est pas encore inventé... dans cette mesure, mon cher Jacques, je suis désolé, mais je pense qu'on peut choisir la vitesse de l'interprétation... D'ailleurs, permettez-moi de vous rappeler que, dans sa version de 1952, Edwin Fischer joue ce premier prélude en à peine une minute vingt. » Nouveau grondement de la voix aux cailloux, teinté d'une indignation qui lui fait avaler les articles : « Peut-être, mais les deux mains de Fischer, elles chantent, tandis que là, *Boudoum, Boudoum, Boudoum*, ça n'est pas une main gauche, c'est contrebasse. C'est musique baroque. Ça n'est pas jazz, n'est-ce pas, allons, voyons, Panigel, dites quelque chose... » Et Armand Panigel, l'homme à la voix tout confort : « Mes chers amis, il nous faut sans tarder écouter la deuxième de nos versions à l'aveugle, mais vous m'accorderez que cette version apporte une incontestable plus-value sonore... »

L'émission s'intitulait *La Tribune des critiques de disques*. Je n'en manquais presque aucune. Encore en culottes courtes, je ne comprenais rien aux analyses de ces savants musicologues, mais j'aimais leur voix, leur timbre, la palette de leurs nuances ; j'aimais aussi leurs disputes et ce que je ressentais de leur plaisir à se retrouver pour ce rendez-vous de chamailleries, d'étalage d'érudition, de fausses brouilles et de mauvaise foi. J'étais au spectacle. Les enfants apprennent les langues étrangères très vite parce qu'ils ne sont pas inhibés. C'est la même grâce qui m'a permis d'entrer dans la musique sans en connaître rien, ou plutôt d'entendre les différences entre les interprétations proposées sans me soucier de pouvoir leur accoler un nom savant. Qu'elles soient si nombreuses et si dissemblables, voire si contrastées, m'assurait un régal hebdomadaire et a contribué à me donner le goût de la liberté et de la variété. C'est aussi le sentiment que le gros Telefunken me procurait lorsqu'il diffusait des chansons. Je ne savais pas où donner de l'oreille. Je dirai plus loin tout ce que je dois à ce répertoire et à ses interprètes depuis mes premières découvertes et jusqu'à aujourd'hui où, comme on dit joliment chez Marcel Aymé, « je suis sur mon reste ».

Quand j'entrai en adolescence, la menace qui planait au-dessus de ma tête de longue date fut mise à exécution et je me retrouvai pensionnaire. Qu'ils soient laïques ou religieux (le mien était de la seconde espèce), les internats de cette époque n'avaient pas changé depuis Napoléon, ils étaient disciplinaires et caserneux. L'emploi du temps y était rigide et la surveillance tatillonne. Les classes terminées, il fallait se rendre à l'étude, mot qui désignait à la fois une activité, faire ses devoirs (en silence), et le lieu où s'en acquitter, dont Bernanos écrit « qu'une petite âme harassée ne pouvait y partager avec Dieu que l'ennui ».

Pour échapper à l'ennui, il n'y avait que trois moyens légaux : participer à la chorale et (ou) au groupe de théâtre, et se confesser. Pour profiter de ce dernier expédient, il suffisait de remplir un « billet de confession » ; il était communiqué à l'un des nombreux ecclésiastiques de l'établissement, qui nous faisait appeler, en général assez vite, sans doute au cas où notre âme aurait couru le péril de l'enfer. L'une des rares libéralités concédées par le règlement nous octroyait le droit de changer de confesseur à volonté. Le prêtre abandonné ne pouvait s'en plaindre, le prêtre nouvellement choisi était tenu de ne pas s'enquérir du nom de son prédécesseur. Nous avions donc toute latitude pour inventer la date de notre précédente confession et les multiplier à notre gré. Aller égrener nos péchés nous permettait de sortir de la triste salle, de musarder à l'aller comme au retour, de retrouver un copain, voire de fumer une cigarette dans un endroit choisi. Quand nous rentrions à l'étude, personne ne pouvait nous reprocher quoi que ce soit car, loués soient les Pères de l'Église, il n'y a, dans le droit canon, aucune disposition qui précise le temps que doit durer une confession. Malheureusement, à force d'user et d'abuser de cette permission, le directeur de l'école a fini par décréter que nous n'aurions droit qu'à une confession par semaine. Une surveillance discrète lui avait appris que certains d'entre nous atteignaient une moyenne de trois et demi.

Il existait un quatrième moyen de combattre l'ennui, mais celui-là n'était pas légal. Il était même dangereux et pouvait se payer d'heures, voire de jours de colle. Ce moyen, c'était la radio. L'ancêtre du transistor, un tout petit poste, le poste à galène, qu'on écoutait avec un casque, à ses risques et périls, sous les draps, le soir, dans un dortoir où nous étions deux cents – ce qui rendait la surveillance plus difficile. Certains rendez-vous étaient immanquables, comme celui du mardi avec *Les Maîtres du Mystère*. Un « film radiophonique », comme aimait à le présenter son réalisateur, Pierre Billard, dont l'indicatif, signé André Popp, nous mettait en condition : une scie musicale montait dans les aigus jusqu'à arriver presque au moment où elle fait le même bruit qu'une craie sur un tableau, et sur le fond de cette scie musicale montait le va-et-vient d'un balancier d'horloge dont les battements sourds et lents amorçaient notre inquiétude. En fin d'après-midi, si nous parvenions à trouver une planque sûre, nous pouvions nous délecter du feuilleton d'Europe n° 1 *Signé Furax*. Dans cette espèce de *Fantômas* à la sauce loufoque, plusieurs pays cherchent à mettre la main sur le professeur Hardy-Petit ; les services secrets français sont dirigés par le colonel de Guerlasse, Hubert de Guerlasse, les Italiens par Asti Spumante, et les Américains sont représentés par les deux fameux détectives Black and White. À la fin de l'émission monte rituellement une interrogation exprimée d'une voix faussant dans l'aigu : « Et de qui, la mise en ondes ? de Pierre-Arnaud de Chassy-Poulay, voyons ! » Pierre-Arnaud de Chassy-Poulay s'appelait Maurice Mercier, mais son pseudonyme, loin d'être une marque de vanité, n'était qu'une façon d'être raccord avec la fantaisie de ce « signé Furax » imaginé par Pierre Dac et Francis Blanche.

En plus des films radiophoniques et des chansons, nous étions friands des publicités diffusées par les radios commerciales. Elles nous apportaient un peu d'air du dehors. Leur tonalité bon enfant se situait à mi-chemin des réclames d'avant-guerre et des pubs d'aujourd'hui. À l'aube des Trente Glorieuses, elles accompagnaient la naissance de la consommation, de cette situation nouvelle dans laquelle des familles qui avaient longtemps dû s'en tenir au nécessaire pouvaient envisager un peu de confort, où les femmes voyaient leurs tâches domestiques allégées par des inventions bruyamment célébrées chaque année lors de la grand-messe du Salon des arts ménagers. Pour exprimer cette heureuse conjoncture, la publicité s'employait à entourer l'acte d'achat de gaieté et, pour exprimer la gaieté, quoi de mieux que de reprendre des airs connus et d'y adapter des paroles ? C'est donc sur la « Marche des rois » de *L'Arlésienne* de Bizet qu'était vantée une marque de lessive, en remplaçant « De bon matin » par « Omo est là » et « J'ai rencontré le train » par « Et la saleté s'en va... ». « La Madelon » était mobilisée au rayon articles d'hygiène : « Si vous voulez un savon de toilette / Qui soit au lait, et puis qui sente bon / Un seul nom doit vous venir en tête / Monsavon / Monsavon / Monsavon... »

La radio nous rendait familière toute une gamme de voix et nous nous attachions à presque toutes. Parmi les plus populaires, la voix nasillarde et chevrotante d'Albert Simon distillait à l'antenne d'Europe n° 1 des prévisions météorologiques d'une fiabilité très relative en roulant les *r* d'une manière que nous pensions tantôt bourguignonne, tantôt roumaine. Elle venait d'Égypte : en visite à Louxor, un patron de cette radio commerciale l'avait repérée au milieu des ondes courtes des émissions en français de Radio Le Caire. Contre ses collègues qui ne juraient que par les voix gracieuses et les dictions claires, ce professionnel avait compris que personne n'oublierait un timbre et une élocution pareils et que, ne serait-ce que pour en sourire, les auditeurs s'en enticheraient. De fait, cette accointance dura trente ans et seule la maladie y mit un terme.

Certaines voix ouvraient la porte aux fantasmes. J'étais entré dans l'âge adulte lorsque FIP fut créée, au milieu des années 1970, et l'une des présentatrices distillait les informations avec un timbre suave et troublant : garçons et filles, nous lui prêtions une plastique des plus girondes. Quelques années plus tard, devenu son collègue à Radio France, je m'empressai de lui rendre visite. Elle avait un caractère délicieux, elle était une excellente camarade, son sens de l'humour était tonique… mais elle avait un physique de radio. Les voix en disent beaucoup sur la personnalité, mais rien, ou très rarement sur l'apparence.

J'ai aimé les voix travaillées, mises en scène, celle de Macha Béranger, qui feulait le soir sur les ondes de France Inter, à l'écoute des auditeurs en mal de confidences, de complainte ou de reconnaissance. « Danièle, vous aviez déjà pensé au suicide ou est-ce la première fois ? » « Alain, vous avez essayé d'en parler à vos parents ? »… Celle de Lucien Jeunesse dans son *Jeu des 1 000 francs*, où il exagérait la bonhommie, tandis que Macha dramatisait l'empathie. Avec *Tandem*, Patrice Leconte a finement restitué le pathétique, le souriant et même le valeureux de la carrière de ce chanteur raté, bloqué dans une boucle temporelle comme Bill Murray dans *Un jour sans fin*, à cela près qu'elle le conduit d'un lieu à un autre et que, lorsqu'il égrène la présentation de sa destination d'un jour, elle a l'air d'être aussi dépassée que lui : « Riante bourgade de Franche-Comté, Chosy-les-Bœufs est connue depuis le Haut Moyen Âge pour son marché hebdomadaire… Et à demain, si vous le voulez bien. » J'ai aimé toutes les voix, même les plus outrées, comme celles des speakers de France Culture, en général des comédiens en mal de cachet qui présentaient les émissions culturelles de la radio culturelle d'une manière culturelle, avec un ton culturel, compassé, profond, grave… On racontait que l'on devait à l'un d'entre eux cette annonce : « Mesdames et Messieurs, dans le cadre des retransmissions de la Comédie-Française, nous sommes heureux de vous présenter *On ne badine pas avec l'amour d'Alfred*, de Musset. »

Mai 68 avait commencé pour moi en novembre 67, avec la grande grève de Nanterre, et ne s'était pratiquement pas interrompu. J'avais vécu « les événements » au côté de Paul Ricœur, l'homme qui avait quitté la prestigieuse Sorbonne pour mettre en pratique les recommandations du numéro spécial d'*Esprit* « Faire l'Université », un dossier pour la réforme de l'enseignement supérieur qu'il avait dirigé. Ce groupe réformiste avait fini par devenir ce que Ricœur appela un jour de déprime « le plus grand parti de cocus ».

J'avais besoin d'air. Je songeai aux universités étatsuniennes et allai prendre conseil de l'un de leurs anciens étudiants, mon oncle Claude Julien, auréolé du prestige de la Résistance et journaliste au service étranger du *Monde*.

Il m'expliqua que le Canada valait beaucoup mieux que les États-Unis. Il venait de publier *Le Canada, dernière chance de l'Europe*, et admirait au plus haut point Pierre Elliott Trudeau, tout nouveau Premier ministre, célèbre pour ses excentricités, mais aussi pour avoir, ministre de la Justice, fait voter une loi autorisant le divorce et dépénalisant l'avortement et l'homosexualité, en justifiant ces mesures par une phrase devenue célèbre : « L'État n'a rien à faire dans les chambres à coucher de la nation. » Sur les conseils de mon oncle, je sautais sur l'occasion offerte par la création d'un Office franco-québécois, lancé dans la foulée du voyage du général de Gaulle et de son « Vive le Québec libre ! ». Éducateur dans un club de prévention de la délinquance juvénile, j'obtins une bourse de trois mois pour aller étudier la manière dont les Québécois traitaient ce phénomène et faisaient face à l'apparition de la drogue. Aussi inattendu que cela puisse paraître, ce devait être l'origine de mon entrée à la radio.

Le Québec de cette époque est un pays littéralement extraordinaire. Les changements qu'il connaît ne sont pas culturels, religieux, politiques, syndicaux ou sociologiques, ils sont géologiques. Tout ce qui a fait les fondements de la vie de cette communauté depuis deux cents ans est en train de craquer. L'Église a tenu les gens pendant deux siècles, elle a sauvé leur langue, mais elle a aussi essayé d'imposer une surveillance et une discipline jusqu'à l'intérieur des familles, « jusque dans les chambres à coucher ». Son emprise se défait comme se défait la glace sur le Saint-Laurent lorsque le printemps apporte ce que les Québécois appellent « la débâcle ». Tout est en train de craquer. Ça craque dans la politique, avec la montée de la perspective de l'indépendance, ça craque dans la chanson, ça craque dans la poésie, ça craque dans la littérature, ça craque dans le documentaire, ça craque dans le cinéma, et ce dans un petit pays de six millions d'habitants, dont un million d'anglophones qui tiennent le haut du pavé. Dans le quartier ouest de Montréal, là où ces derniers aimaient à s'installer, comme à Atwater, ou à Westmount, on pouvait risquer, en entrant dans une boutique et en commandant quelque chose en français, de se faire répondre « *speak white please* ».

Mais plus ils ont été contenus, voire tenus, plus les Québécois ont formé une société qu'un de leurs sociologues, Marcel Rioux, a qualifiée de société « tricotée serré ». Dans une telle société, peu populeuse, les connaissances se lient facilement, et ceux qui vous reçoivent mettent leur point d'honneur à vous présenter à quelqu'un d'autre qui, à son tour… Ainsi passe-t-on d'une « chambre de visite » à une autre et d'un nouveau copain à de nouveaux camarades.

Au début du mois de décembre, avec quelques amis, je décide d'aller visiter la péninsule de Gaspésie, au nord-est de la Province. Après quelques dizaines de kilomètres, il neige ; je ne sais pas conduire sur un revêtement gelé, je mets la voiture dans le fossé. Il faut une grosse journée pour la réparer. À la ville la plus proche, Murdochville, construite autour d'une mine de cuivre, le notaire, Gabriel Bernard, s'offre à nous héberger. Ancien pilote de la RAF pendant la bataille d'Angleterre, il nous crible de questions : que retenons-nous de son pays, que pouvons-nous lui raconter de Mai 68, à quoi nous intéressons-nous ? À peine lui ai-je confié mon goût pour la chanson qu'il me demande si je connais Gilles Vigneault. Non. Je ne connais pas Gilles Vigneault, qui a essayé de percer en France un an auparavant, avec Pauline Julien et Monique Leyrac. Leur spectacle à Bobino a été un four. Gabriel Bernard me recommande, ou plutôt m'enjoint d'aller, dès mon retour à Montréal, écouter Gilles dans la boîte à chansons où il se produit, Le Patriote, rue Sainte-Catherine. Devant se rendre lui-même à Montréal et étant ami avec Vigneault, il tâchera de nous présenter.

La découverte de Gilles Vigneault me laissa stupéfait. Comment était-il possible que nous ne connaissions pas, en France, un tel artiste ? Un tel souffle ? Une pareille vitalité, et la capacité de raconter en une chanson la vie d'un bonhomme perdu dans la solitude de l'embouchure du fleuve aussi bien que la rapidité avec laquelle une saison laisse la place à une autre et, plus que tout, d'écrire et de chanter ce que nous étions en train, mes amis et moi, de découvrir dans ce pays qui changeait du tout au tout, avec la force de son verbe et l'authenticité de sa présence sur scène.

Je fis donc, grâce à Gabriel Bernard, la connaissance de Gilles Vigneault. Ce fut un de ces coups de foudre d'amitié qui vous font bénir la vie, et qui dure toujours cinquante ans après. Gilles a joué un rôle décisif dans mon passage de l'autre côté du micro. À peu près quinze ans après ce récital au Patriote, Vigneault est enfin reconnu pour un artiste majeur, et Jacques Chancel lui consacre cette émission vedette de la télévision française à trois chaînes, donc beaucoup de monde à chaque fois, *Le Grand Échiquier*, autant dire la grand-messe célébrée par le révérend Chancel. Je viens de publier dans la collection « Petite Planète », fondée au Seuil par Chris Marker, un opuscule sur le Québec, et Gilles, qui l'a apprécié, insiste pour que je sois invité à le présenter. Chancel n'aime pas beaucoup qu'on lui fasse son conducteur, mais Gilles insiste, et je suis chargé à *L'Express* de la chronique de télévision, ce qui ne laisse pas Chancel indifférent. J'arrive au studio, Gilles est en train de faire la balance avec ses musiciens, on m'explique où je dois m'asseoir, ce que je dois faire quand on me dira de me lever, ce que je dois refaire quand on me dira de me rasseoir, puis on m'emmène au maquillage avant de me laisser dans une loge où je m'ennuie, et comme je m'ennuie et que je n'ai pas pensé à apporter un livre, je fais ce que je fais quand je m'ennuie, je chante.

L'émission commence, les invités défilent, des qui chantent, des qui parlent, des qui jouent d'un instrument… Mon tour arrive. Chancel me pose quelques questions sur mon livre, sur mon affection pour le Québec, Gilles dit des mots aimables, Chancel se penche vers lui et chuchote : « Il parle bien, hein ? » « Heu… oui », dit Gilles. « Mais il chante, aussi. » « Comment ça, dit Gilles, inquiet, il chante ? » Et Chancel : « Oui, je l'ai entendu dans sa loge, il chante, d'ailleurs il va bien nous fredonner quelque chose ? » De l'autre côté des caméras, il y a je ne sais combien de millions de gens. Je n'y songe pas. Je suis comme la chèvre de Monsieur Seguin, je veux voir ce qui se passe quand on monte sur le haut de la colline, et, puisqu'on m'invite à chanter, j'annonce : « Le Fils-Père, chanson féministe et sociale » :

*Il était jeune, il s'appelait Jules*
*Il n'avait pas encore fauté*
*Mais un beau soir, au crépuscule*
*Par le démon il fut tenté.*
*En la personne d'une brunette*
*Qui descendait de l'autobus*
*Et lui dit : « Viens dans ma chambrette ?*
*J'habite au quartier Pi-que-pus... »*
Refrain
*Amour ! Amour ! Tu fais faire des folies*
*Amour ! Amour ! Tu nous fais bien du mal !*

*Il lui d'manda : « M'épouseras-tu ma mie ? »*
*Elle lui répondit : « C'est fatal ! »*
*Mais quand il s'fut donné bêtement*
*Elle lui dit : « Maintenant fous l'camp ! »*
*Et le chassa de sa maison*
*Sans même y rendre son pantalon.*
*C'est alors qu'il comprit*
*Sa honte et sa misère.*
*Un malaise le prit :*

*Il allait être père !*

J'ignore si c'est mon culot qui a tapé dans l'oreille de Jacques Chancel, toujours est-il que quelques mois plus tard, il m'invite à passer le voir. C'est pour m'informer de son envie d'être remplacé le vendredi, à l'antenne de France Inter, où il assure sa fameuse émission d'interviews, *Radioscopie*. Il vient d'acheter un château dans ses Pyrénées natales et voudrait de plus longs week-ends pour en profiter. Si j'ai une idée, il est tout prêt à me céder sa place le dernier jour de la semaine, entre 17 et 18 heures. J'ai une idée : une émission sur la télévision (il n'en existe pas). Dans les milieux bourgeois et chez les intellectuels, il est de bon ton de la regarder de haut, ainsi que cela avait été le cas pour la radio, elle aussi considérée comme une distraction bonne pour les gens sans culture et sans désir de sortir de leur petit monde. Cet état d'esprit me consterne (il suffit de consulter les programmes de l'époque pour le tourner en ridicule). Il se double d'un comportement hypocrite : si on doit avouer qu'on a vu une émission ou un film populaire, c'est toujours par hasard. On cherchait un documentaire sur l'influence de la nuit polaire quant au psychisme des Lapons et on est tombé sur *Le Petit Rapporteur* !

Pour tenter de remonter le courant de cette rouerie, je propose à Jacques Chancel une émission que je baptise *Télescopages* (Radioscopie-Télescopages) dans laquelle j'inviterais des gens connus à raconter ce qu'ils regardent à la télévision, ce qui leur plaît, ce qui leur déplaît, ce qu'ils en attendent. Chancel tope et me voilà deux semaines plus tard à l'antenne avec un premier invité idéal pour parler du petit écran, puisque c'était sa seule fenêtre sur le monde. Gérard Brach, scénariste, entre autres, de Roman Polanski, Marco Ferreri, Philippe de Broca, Bertrand Blier, Otar Iosseliani et Claude Berri, souffre d'une agoraphobie…

minérale. Il ne sort absolument pas de chez lui et n'a de contact avec le dehors que par la télévision, à l'époque trois chaînes publiques en tout et pour tout. Il en change en appuyant sur le bouton avec sa canne, exercice qu'il présente comme son unique sport. Il parle des émissions de l'après-midi où on essaie de rassurer les ménagères qui restent chez elles, sur tous les sujets de société, il s'inquiète que cette foire d'empoigne qu'était le *Droit de réponse* de Michel Polac ne finisse par contaminer la télé et n'offre une prime au spectaculaire, il se moque de cette vision de la France des provinces qu'offraient les actualités régionales, diffusées sur les trois chaînes, tous les soirs de 19h20 à 19h40 et qui présentaient la vie dans les régions d'une manière telle qu'aujourd'hui un magazine animé par feu Jean-Pierre Pernaut paraîtrait conçu par les anarchistes du groupe de Tarnac.

Simone Signoret est à l'écoute. Elle est déjà presque aveugle, elle écoute beaucoup la radio, elle connaît Gérard Brach, elle l'appelle, le félicite et ajoute : « Tu diras au petit Meyer que, s'il le veut, je suis cliente. » Le petit Meyer le voulut, et pas qu'un peu. Casque d'or… Je ne me souviens à peu près de rien de ce que m'a dit Simone Signoret dans cette émission, sauf que, déjà, elle avait vu que, pour les comédiens, pour les auteurs, et pour les cinéastes, la télévision avait plus à voir avec l'avenir qu'avec le passé. Mais ce dont je me rappelle clairement, c'est de cet Oscar qu'elle avait remporté pour *Room at the Top (Les Chemins de la haute ville)*, et qui prenait la poussière sur la cheminée de cet étrange appartement qu'elle habitait avec Yves Montand (une fenêtre sur le quai des Orfèvres, une porte sur la place Dauphine), qu'ils avaient baptisé « la Roulotte ». L'Oscar était posé là comme un vieux bibelot de famille, quelque chose qu'on aurait trouvé chez un brocanteur, ou un cadeau de mariage que l'on n'aurait pas réussi à refiler. En le regardant, je revoyais les images de Simone appelée à aller le chercher et bondissant comme une fillette à qui on va donner les oranges et la barre de chocolat des prix d'excellence de mon époque.

De cette émission naquit un long compagnonnage avec Simone qui ne finit qu'avec sa mort, tandis qu'à Radio France naissait et se répandait ma réputation d'avoir un carnet d'adresses considérable, première d'une longue série d'impostures sur lesquelles j'ai fondé ma carrière. Toutefois, j'ai consolidé l'illusion en obtenant la venue à *Télescopages* d'Edgar Faure, dont on a oublié quel personnage considérable il fut des IVe et Ve Républiques, ayant orné ou dirigé nombre de combinaisons gouvernementales. C'était d'abord un archétype du Parti radical, tombé lui aussi dans l'oubli. Un jour où il se promenait dans sa ville de Lyon, Édouard Herriot, figure majeure de cette formation, fut prié d'en définir la doctrine. Il montra la devanture d'un restaurant qui portait « Restaurant ouvrier, cuisine bourgeoise »... Edgar Faure n'aimait rien tant qu'arranger les situations les plus diverses : internationales, nationales, locales, personnelles...

Un dimanche où sa fille, ma patronne au service de recherche du Centre de santé mentale du 13e, m'avait invité dans leur maison de campagne à Ponthierry, près de Fontainebleau, la cloche du déjeuner sonne. Je suis dans le jardin, à lire, je rejoins la maison, Edgar en sort. « Président (tout le monde l'appelait "Président", y compris ses deux gendres), Président, vous ne venez pas déjeuner ? » « Non, mon petit Philippe, je ne viens pas déjeuner, je fais un régime. » C'était l'époque où les magazines prétendaient chacun détenir le secret de l'équilibre alimentaire et de la perte de poids : l'un vantait le régime Scarsdale, l'autre n'en tenait que pour le régime Dukan, le troisième se moquait de tout ce qui n'était pas le régime Okinawa... « Président, si je puis me permettre, quel régime avez-vous choisi ? » « Je n'en ai choisi aucun, n'est-ce pas, j'ai pris un régime que j'ai inventé. » « Puis-je vous demander en quoi il consiste ? » « C'est très simple, je prends un whisky et, juste après, je prends un café. Comme ça, je trompe mon estomac, il croit que j'ai déjeuné. » D'avoir imaginé une fois de plus un arrangement, « *una combinazione* », auraient dit les Italiens, lui donnait un regard d'enfant.

Il avait passé l'agrégation de droit romain à 60 ans, il avait été reçu premier ; il écrivait des romans policiers sous le pseudonyme d'Edgar Sanday (parce que son prénom s'écrivait sans *d*), et il composait des chansons, paroles et musique. Ce n'était pas ce qu'il avait fait de mieux, mais il avait mis une condition pour accepter mon invitation : que je diffuse au moins deux chansons de lui. Par chance, Serge Reggiani avait eu la faiblesse de les enregistrer, ce qui permettait de faire un peu passer la blague. Nous voilà donc en studio, par un mois de juin caniculaire. Edgar déboutonne sa chemise, défait sa cravate, enlève son veston, et nous bavardons. Arrive le journaliste chargé du bulletin d'information de 17 heures, signe que l'antenne va être à nous dans quelques minutes. Edgar Faure remonte sa cravate, reboutonne sa chemise, remet sa veste, parce qu'on ne se présente pas en débraillé, même à des gens qui ne vous voient pas.

*Télescopages* première manière, celle du vendredi, dura quatre mois, entre mars et juin 1982. Mon activité principale était journaliste à *L'Express*. J'y avais publié un article sévère et sarcastique sur les nominations dans les rédactions de l'audiovisuel public. Au temps du gaullisme, pour y obtenir une place, il était nécessaire, et souvent suffisant de prouver son affiliation au parti du Général. Plus tard, Georges Pompidou trouva que « la voix de la France » devait être confiée à des journalistes de son bord et, si Valéry Giscard d'Estaing desserra un peu l'étau qui comprimait l'ORTF, il veilla à ce que chaque patron de rédaction pense bien. La Mitterrandie, qui s'était à juste titre élevée contre ces pratiques, les reproduisait avec une bonne conscience qui repoussait les limites de l'étonnement, déclarant normal que des journalistes encartés dans l'un des partis de sa coalition trouvent une place dans les rédactions du service public, en compensation des rebuffades dont ils étaient réputés avoir été victimes. Parmi ceux qui avaient été nommés sur ces critères figurait un des nouveaux hiérarques de Radio France. Il me fit venir dans son bureau et m'expliqua que la porte m'était grande ouverte, car je n'avais rien, mais alors rien pour faire de la radio. Par chance, ce ne fut pas l'avis de Michèle Cotta, alors présidente de Radio France, qui obtint que je lâche l'heure du vendredi, histoire que le hiérarque ait un peu de satisfaction, mais en échange d'une demi-heure le samedi, après le journal de 13 heures. Pour ce *Télescopages* raccourci, que réalisait la très aimable Patricia Martin, j'embauchai Alex Taylor, le premier Britannique à avoir un poste régulier à la radio en France et à y apporter son accent, qui est sur les ondes l'équivalent du fumet en cuisine.

Le week-end, la Maison ronde était vide et paisible et je m'y rendais comme d'autres s'en vont villégiaturer dans le Perche. J'y retrouvais mes copains, nous partagions le déjeuner après l'émission, les auditeurs nous écrivaient des lettres aimables. Quelquefois aussi des lettres enflammées. Une auditrice m'assura que nous étions faits l'un pour l'autre et me proposa très sérieusement le mariage. Elle ne prit pas mon refus pour une réponse et ses lettres devinrent de plus en plus comminatoires, jusqu'à monter aux reproches, puis aux insultes. Un jeune homme prénommé Jean-Sébastien m'assura que le seul timbre de ma voix l'avait convaincu de notre destin commun. Il ne se laissa pas impressionner par ma fin de non-recevoir et finit par venir m'attendre à la sortie de l'émission, sous les regards moqueurs de mon équipe, mise au courant de notre correspondance. Je lui renouvelai mes remerciements pour ses attentions, mais rebutai ses intentions. C'était l'époque où les immeubles n'avaient pas de digicode et mon adresse figurait dans l'annuaire. Chaque samedi, en rentrant de la radio, je trouvais une rose dans ma boîte aux lettres. Au bout de six mois, plus de rose. *Vanitas vanitatum et omnia vanitas* : j'en fus tout déstabilisé et cherchais dans la glace de l'ascenseur les signes qui auraient pu expliquer cette perte d'intérêt. Le dispensateur de roses me téléphona quelques jours plus tard pour m'annoncer qu'ayant compris l'inutilité de ses attentions, il avait récemment cédé aux instances d'un ingénieur en informatique prénommé Michel, avec qui il allait s'installer à Garches, où ils espéraient un jour ma visite. Des années plus tard, mon téléphone sonna, tard dans la soirée. Au bout du fil, des sanglots, puis une voix tremblée : « C'est Jean-Sébastien. Je voulais vous dire que Michel vient de mourir du sida... » Je ne me souvenais que de son prénom et ne parvins pas à le retrouver.

Si je pratiquais la radio comme un savoureux hobby, mon activité principale se composait de mon travail à *L'Express* et de mes cours à Sciences Po. La presse de l'époque était encore florissante, elle n'avait pas été privée de ses recettes publicitaires par la télévision puis par les GAFA et les réseaux sociaux. Elle conservait ses traditions et ses corporations, dont une pour laquelle j'avais une affection particulière, celle des correcteurs de presse, chargés de la conformation, voire de la pureté de notre langue. C'était une tribu d'anarchistes, portés, hommes et femmes, sur la bonne chère, les bonnes bouteilles, les cigares – qu'ils arrivaient à faire venir de Cuba – et la chanson. Ces anarchistes ne connaissaient qu'une seule loi : la grammaire. Ils la faisaient respecter sans merci. Je revois encore entrer dans le grand bureau du rédacteur en chef que j'étais devenu l'un d'entre eux, Yves Gibeau, par ailleurs excellent romancier, tenant à la main ma copie avec un air de désolation pareil à celui de mes professeurs de mathématiques. Il me regarde et, posant mon papier sur mon bureau: «La voiture dont tu parles dans ton article, elle est de quelle couleur?» «Elle est bleue, c'est écrit.» «Alors, elle ne peut pas être rutilante.» Et de repartir, désolé que l'on ait pu confier des responsabilités à un garçon qui ignore que «rutilant» ne saurait qualifier que ce qui est naturellement d'un rouge éclatant, d'un roux flamboyant ou teinté de reflets pourpres. J'allais volontiers traîner dans la grande salle où étaient regroupés ces correcteurs et où l'on était sûr de trouver des flacons et des terrines. Je ne devais pas le privilège d'y être admis sans raison de service à mes galons, mais à mon goût pour la chanson et à ma connaissance du répertoire des refrains anarchistes.

La radio devint une occupation prenante après sept ans de *Télescopages*. En 1989, Ivan Levaï est nommé directeur de l'information de France Inter. Je l'avais vu deux fois dans ma vie. Il m'invite à déjeuner dans un restaurant convenable, sans plus, et m'informe de son intention de me confier une chronique quotidienne, un billet d'humour destiné à alléger un peu l'actualité, à faire sourire les gens, chose pour laquelle il pense que je suis la personne adéquate. Je le remercie, lui déclare que je suis flatté, mais que je ne me vois aucune capacité à ce travail de quotidien. En plus, j'ai horreur de me lever tôt, je préfèrerais donc parler d'autre chose. Quinze jours plus tard, Levaï me réinvite, dans un meilleur restaurant, et me dit qu'il a un problème avec ma chronique. (Je découvrirai plus tard qu'il ne renonçait que rarement.) Il ne sait pas s'il va la mettre à huit heures moins le quart ou à huit heures et quart. Je le remercie une nouvelle fois et lui dis que vraiment, le quotidien, je ne peux pas, merci beaucoup et parlons d'autre chose. Juste avant les vacances d'été, Ivan me donne rendez-vous dans un restaurant une étoile. Il m'annonce que ma chronique ne lui donne plus de souci : il compte la placer à huit heures moins le quart tous les jours que Dieu fait, sauf le samedi et le dimanche. Fut-ce un nouvel accès de chèvre de Monsieur Seguin, ou l'idée que, si quelqu'un vous croit capable de quelque chose qui vous paraît au-dessus de vos moyens, il peut être plus lucide sur vous que vous-même, ou encore la conviction qu'il vaut mieux descendre d'un train pris par erreur que courir derrière des wagons que l'on a ratés, j'accepte la chronique. Peut-être aussi parce que je commence à connaître les budgets de Radio France et que je prévois qu'il n'y aura pas de deux étoiles. Je m'attelle donc à la fabrication de ce billet que je barytonnerai pendant dix ans dans le huis clos des salles de bains et l'habitacle des automobiles. Je suis auditeur d'assez longue date des émissions des autres pour ne pas ignorer qu'il me faut trouver, pour ouvrir ma chronique, une tournure, un gimmick qui en deviendra la marque, l'identifiant. L'auditeur s'en montre friand, le gimmick est pour lui ce que le mouron est aux petits oiseaux, que ce soit un gimmick court (« À demain, si vous le voulez bien »), ou un gimmick long (« Ah, qu'il est doux de ne rien faire quand tout s'agite autour de vous, une anti-émission de France Inter présentée par personne »). J'en choisirai deux, l'un pour ouvrir mon propos en saluant les heureux habitants des départements français (en commençant, bien sûr, par mon Aveyron, mais en veillant à ce que tous ceux de métropole et d'outre-mer aient leur tour) et un pour prendre congé, qui sonnait bien mais ne voulait rien dire : « Nous vivons une époque moderne. » À mon grand amusement, ce gimmick de fin a traversé les années et, me trouvant un jour en présence d'un président de la République en exercice, j'eus la surprise de l'entendre m'accueillir d'un : « Alors, Philippe Meyer, nous vivons une époque moderne… »

Quelques semaines après ma première chronique, Ivan Levaï me propose de la remplacer par un portrait de l'invité politique lors de l'une de ces matinées spéciales qu'il compte organiser. Un portrait en direct et en face à face. Premier de ces invités : le secrétaire général du Parti communiste français, Georges Marchais, célèbre pour sa brutalité, pour son cynisme et pour sa capacité à ne répondre qu'aux questions qu'il se pose à lui-même. J'avais naguère rassemblé dans un livre intitulé *Le communisme est-il soluble dans l'alcool ?* ce qu'on appelait dans les pays de l'autre côté du rideau de fer les « *anekdot* », dénomination humoristique des blagues politiques à travers lesquelles le peuple exprimait ses sentiments réels sur le régime et sur ses dirigeants. (« Un peintre abstrait marche dans les rues de Moscou. Il est suivi par deux figuratifs en civil… ») Depuis les années 1970, je partageais le travail des groupes de soutien aux dissidents et de dénonciation de l'usage de la psychiatrie à des fins policières. J'avais donc quelques raisons de me réjouir d'un face-à-face avec l'homme qui proclamait « globalement positif » le bilan des pays de l'Est, précisant même que, si le socialisme affrontait une crise de développement, le capitalisme, lui, devait faire face à une crise de système.

« Heureux habitants de la Dordogne et des autres départements français, M. Georges Marchais est né sous le signe astrologique des Gémeaux. » Ce début confirme mon vis-à-vis dans l'idée que je suis chargé d'un moment de détente au milieu d'une émission qui pourrait paraître trop sérieuse. Il se cale sur son siège, café dans une main, croissant dans l'autre… « M. Georges Marchais est né sous le signe astrologique des Gémeaux. On ne le sait pas assez, les natifs de ce signe sont des gens distraits. C'est sans doute parce qu'il est Gémeaux et donc distrait que M. Marchais s'est retrouvé ouvrier volontaire chez Messerschmitt pendant que d'autres étaient dans le maquis. » Tombe dans le studio une chape de stupeur. Marchais manque s'étouffer avec son croissant, se tourne vers son garde du corps qui semble n'en pas croire ses oreilles et ce moment d'étonnement général me permet de finir mon portrait, pour lequel son modèle ne trouve pas d'autres commentaires que : « C'est n'importe quoi, je ne suis pas né en Dordogne, je suis né dans le Calvados ! »

Je connus peu d'incidents en dix ans de portraits sur le vif. Après avoir brossé celui de Jack Lang (mais ne confondons pas corrélation et causalité), le paillasson qui dirigeait Arte met fin à l'émission de musique classique que je présentais sur sa chaîne (mais c'était pour diffuser des documentaires dont les droits de diffusion venaient à expiration). Après le portrait de François Mitterrand, un envoyé du Château explique à Ivan Levaï qu'il n'est pas nécessaire de me réembaucher à la rentrée. (Ivan Levaï fait mine d'être d'accord et me réembauche derechef.) Jean-Marie Le Pen me promet le tribunal parce que j'ai regretté qu'un partisan de la France aux Français comme lui puisse placer son argent en Suisse. (Je ne vis jamais la couleur du « papier bleu » annoncé.) Philippe de Villiers menace de quitter le studio alors que je n'en suis qu'à mi-chemin de ma peinture. Depuis qu'il a annoncé sa candidature à l'élection présidentielle de 1995, presque tous les commentateurs le qualifient de « faux nez du Front national ». Pour nuancer ce jugement, je rappelle qu'il y a plusieurs familles dans la droite de la droite : pendant la guerre, celle des antisémites, des collabos, du PPF de Jacques Doriot, et celle des anciens combattants regroupés chez les Croix-de-Feu (souvent entrés dans la Résistance avant ceux des communistes qui attendirent la rupture du Pacte germano-soviétique), et dont le chef, le colonel de La Rocque, est mort des suites de sa déportation. Je m'interroge à haute voix sur la proximité de Philippe de Villiers avec ce second mouvement, auquel Pétain avait emprunté la devise « Travail, Famille, Patrie ». Notre invité se cabre et lâche avec violence : « Monsieur, si vous continuez sur ce ton, je quitte le studio. » N'ayant mis, dans mon rappel des familles de la droite dure, aucune intention de nuire ni aucune distorsion de l'Histoire, je poursuis mon portrait, que Villiers écoute sans mettre sa menace à exécution. Interloqué, j'assiste à la suite de l'émission depuis le fond du studio. Lorsqu'elle se termine, je reste à la même place, autant pour ne pas avoir l'air de me débiner que pour éviter un affrontement qui pourrait se révéler plus explosif, maintenant que les micros sont fermés…

Je parcours un journal lorsqu'une voix fulmine : « Monsieur, ce que vous avez fait est indigne d'un fils d'officier. » Or, si mon père a été officier dans les maquis puis dans l'armée de Lattre, ce n'était que pour les besoins de la guerre et, dès qu'il l'a pu, il est retourné à la vie civile. Si mon interpellateur fait partie de l'équipe de notre invité, il va devoir m'expliquer pourquoi on y fait des fiches sur les journalistes et je vais devoir lui expliquer qu'elles sont très mal faites. La fulmination reprend : « Monsieur, si vous aviez le sens de l'honneur, et à une autre époque, je vous aurais retrouvé sur le pré. » Le studio se tourne vers nous. Je me lève et, comme l'agité de la rapière mesure une bonne tête de moins que moi, la querelle finit dans les éclats de rire. C'est ainsi que je ne me suis pas battu avec le chef d'escadron Pierre de Villiers, frère de Philippe, plus tard cinq étoiles au képi, chef d'état-major général des armées, poussé dehors par le président Macron, et aujourd'hui employé par une société de conseil américaine.

La fin de ces portraits a été sonnée à l'époque où les augures s'accordaient à annoncer une prochaine victoire de Lionel Jospin à l'élection présidentielle et la nomination de Martine Aubry comme Première ministre. Négligeant l'avertissement de Pierre Dac (« Il faut se garder de faire des prédictions, surtout si elles concernent l'avenir »), toutes les radios invitaient la présumée future locataire de Matignon. Elle ne répondait à aucune des invitations de France Inter. Cuisinée sur cet ostracisme, son attachée de presse finit par avouer que tant que je ferais les portraits, sa patronne ne souhaitait pas venir. Je crois à un caprice : de tous les partis et dans toutes les fonctions, voilà dix ans que j'accueille hommes et femmes politiques ; elle se nuirait en se dérobant et elle a davantage besoin de France

Inter que France Inter a besoin d'elle. De fait, quelques jours plus tard, le tableau de service annonce sa venue dans notre rendez-vous du matin. La veille au soir, alors que je mets la dernière main à son portrait, tombe un fax du nouveau directeur de l'information qui me dit que « les chroniques sont supprimées le lendemain ». Comme « les chroniques »... c'était moi, je donne ma démission, ne désirant pas continuer à travailler avec des gens dont je n'arrivais pas à savoir s'ils travaillaient couchés ou s'ils rampaient debout.

Radio France m'a offert la chance de m'ouvrir plusieurs de ses antennes. Pendant plus de trente ans, j'ai assuré simultanément des émissions à France Inter et à France Culture, et j'ai fait quelques excursions à France Musique, notamment en animant une soirée mensuelle dont la séquence centrale était consacrée à la musique contemporaine. Nous avions obtenu d'Olivier Messiaen la permission de diffuser l'intégrale de son œuvre pour orgue, à raison d'une émission par mois. Pour la première, Olivier Messiaen vient, accompagné de sa redoutable épouse Yvonne Loriod, qui serrait les partitions sous son bras avec l'air de nous suspecter de vouloir en escamoter une partie. Le maître a accepté avec bienveillance de m'accorder un entretien pour présenter son œuvre composé pour un instrument dont il a été le titulaire virtuose à l'église de la Trinité. Pour combattre mon trac, j'ai l'idée de me pencher sur les œuvres de sa mère, la poétesse Cécile Sauvage, qui a joué un rôle important dans sa formation et celle de son frère. Cette évocation lui plaît. Le ton de notre échange est extrêmement agréable, et voilà que je le gâte après un coup d'œil à la boutonnière de la veste que le maître portait sur sa chemise à fleurs. Il n'y trône pas moins de trois décorations, trois rosettes sur canapé de commandeur de la Légion d'honneur, du Mérite et des Arts et des Lettres. « Olivier Messiaen, pour vous, qu'est-ce que représente la reconnaissance de la société ? » Il se ferme tout de suite : « Rien. » « Quand même, enfin, nos auditeurs n'ont pas l'image, mais vous avez à la boutonnière… » « Je vous dis que ça ne représente rien. » J'avais dans ma poche sa carte de visite, imprimée des deux côtés. Avec la déclinaison de tous ses titres, qui commençait par… « Ornithologue et rythmicien ». Je n'insiste pas, Olivier Messiaen va prendre sa place, ouvre sa partition, à côté de sa femme, qui me jette un regard noir, et je grimpe au studio, deux étages plus haut. Louis Thiry, magnifique organiste, aveugle, grand improvisateur, se met au clavier. Dans la cabine, je bavarde avec la réalisatrice. Soudain, un technicien s'exclame : « Hé, il se barre ! » « Quoi, il se barre ? » « Oui, il fout le camp ! » Je me précipite sur la vitre, et je vois deux étages plus bas Louis Thiry, qui a quitté l'orgue que nous entendons pourtant toujours, et qui essaie de trouver une issue sans se casser la figure. Je déboule les deux étages, la réalisatrice met le « secours » pour qu'il y ait quelque chose à l'antenne, je réinstalle Louis Thiry devant son orgue, dont il se révèle que le clavier est coincé sur un accord de *mi* bémol. J'appelle le décoinceur d'accord de *mi* bémol, qui opère promptement, et Thiry peut reprendre le concert tandis que je remonte en cabine sous le regard de plus en plus noir d'Yvonne Loriod, laquelle écrit le lendemain à la direction de France Musique pour demander mon licenciement. Loin de moi l'idée d'ironiser sur l'œuvre considérable d'Olivier Messiaen, mais on peut hasarder qu'il lui arrive d'être parfois un peu insistant. À la fin de la *Turangalîla-Symphonie*, il y a un forte qui dure près de six minutes. Qu'un accord de *mi* bémol se prolonge depuis un moment, aucun des hiérarques de France Musique ne s'en était aperçu, ce qui sauva ma tête.

Peu avant l'incident avec Martine Aubry, j'ai eu la chance de créer à l'antenne de France Culture une émission de conversation politique, *L'Esprit public*, qui a tenu l'antenne vingt ans, avant de se transformer depuis 2017 en un podcast, *Le Nouvel Esprit public*. Lorsque le directeur de France Culture, Patrice Gélinet, m'a demandé comment je concevais cette émission, je lui ai répondu : « Ce sera la *Tribune des critiques de disques* de la politique. » Il se montra pour le moins perplexe. « Tu y crois vraiment ? Tu veux le faire ? Eh bien, essayons. » Puissent mes jeunes confrères profiter d'une conception du service public dont le marketing est à ce point absent ! La 666e de cette émission fut l'occasion d'une fête et d'un enregistrement à l'Opéra-Comique, plein jusqu'à la gueule. Pour rythmer un peu cette spéciale, qui durait une heure trente au lieu d'une heure, j'avais demandé à trois comédiens, Florence Viala de la Comédie-Française, Jérôme Deschamps et Michel Fau de venir lire quelques extraits des lettres d'insultes que nous recevions régulièrement. « À M. Philippe Meyer » : « Andouille ! T'auras bouffé à tous les râteliers ta vie médiatique durant, alors tu repasseras ! Polac de farces et attrapes ! » « L'animateur fait monter le son quand c'est lui qui parle. Bizarre, bizarre... » « Vous êtes vraiment un collabo, un *Kapo* du capitalisme US, un chantre de la CIA. Au moment où le peuple fera la révolution nul doute que vous ferez partie des premiers décapités... » « J'ai rarement entendu autant de conneries en si peu de temps. C'est un festival de couillonnades avec des "Si ma tante avait des roues jumelées, ce serait un autobus". » « Monsieur, l'ère sarkozyste aura permis le retour en grâce de Patrick Sabatier et de Philippe Meyer. »

Après ma démission, qui avait été relevée dans la presse, le président de Radio France, pris entre les protections dont jouissait au plus haut niveau celui qui en était à l'origine et le désir que cette affaire n'entache pas sa réputation, m'avait offert de produire dans la grille des programmes (donc hors de la hiérarchie de la rédaction) une émission hebdomadaire sur le sujet de mon choix. Or, après ma renonciation aux chroniques et aux portraits du matin, j'étais allé me changer les idées en opérant une plongée dans la discothèque de la Maison ronde, pour y découvrir des chansons anciennes ou récentes. Dans cette caverne d'Ali Baba, on trouve à peu près tout ce qui a été enregistré, depuis les rouleaux en cire en passant par les galettes, les 78 tours, les 45 tours, les 33 tours, jusqu'aux derniers CD. Le propre de ce genre de conservatoire, surtout quand on n'y cherche rien de précis, est qu'une consultation en entraîne une autre et que, de découverte en déception et de déconvenue en bonne surprise, on tire tantôt paresseusement, tantôt fébrilement un fil interminable, sans qu'aucune raison ne s'impose de mettre un terme à cette délicieuse errance hors de la vie ordinaire. Encore faut-il, pour profiter de la provende unique de la discothèque du service public, se laisser dériver d'une trouvaille à une autre et abandonner l'idée de « faire son intéressant » en utilisant l'amour ou le rejet d'un titre ou d'un chanteur pour se créer un personnage aux yeux du monde.

Dans *Les Plaisirs et les Jours*, Proust a cerné ce que la chanson peut avoir de meilleur dans son pire : « Détestez la mauvaise musique, ne la méprisez pas. Comme on la joue, la chante bien plus, bien plus passionnément que la bonne, bien plus qu'elle, elle s'est peu à peu remplie du rêve et des larmes des hommes. [...] Telle fâcheuse ritournelle, que toute oreille bien née et bien élevée refuse à l'instant d'écouter, a reçu le trésor de milliers d'âmes, garde le secret de milliers de vies, dont elle fut l'inspiration vivante, la consolation toujours prête, toujours entrouverte sur le pupitre du piano, la grâce rêveuse et l'idéal. [...] Un cahier de mauvaises romances, usé pour avoir trop servi, doit nous toucher comme un cimetière ou comme un village. Qu'importe que les maisons n'aient pas de style, que les tombes disparaissent sous les inscriptions et les ornements de mauvais goût. De cette poussière peut s'envoler, devant une imagination assez sympathique et respectueuse pour taire un moment ses dédains esthétiques, la nuée des âmes tenant au bec le rêve encore vert qui leur faisait pressentir l'autre monde, et jouir ou pleurer dans celui-ci. »

Au palmarès de ces chansons « qui s'attachent à notre âme et la force d'aimer » figure en tête « Dominique », première pendant dix semaines au hit-parade étatsunien, devançant le croonerissime Paul Anka et seulement délogée par les Beatles, installée durablement dans les cinq places de tête des box-offices latino-américains, sud-africains, nord-européens et australiens, reprise en version disco en 1983, en techno mix en 1994, et souvent utilisée, plus de soixante ans après sa création, comme musique des vidéos de TikTok. Ma paresseuse flânerie fait étape chez Sœur Sourire, religieuse dominicaine à qui Hollywood consacra un biopic, *The Singing Nun*, pour qui Ed Sullivan déplaça son show de New York jusque dans son couvent de Waterloo, que la National Academy of Recording Arts and Sciences sélectionna pour quatre Grammy Awards et à qui elle en attribua un. Après une première surprise due à l'abondance de la production de la religieuse, plus de soixante titres (sans compter ceux qu'elle écrivit et interpréta après avoir défroqué), dont certains peuvent passer pour des autocaricatures (« Un moustique, tique, tique », « Les Moutons pelés », « Souriceau et Souricette »), je découvre que d'autres ordres religieux féminins, émoustillés par l'apport de notoriété et les rentrées de droits d'auteur générés par leur consœur, décident de lancer une des leurs dans le show-business. La mission d'égaler celle que la presse appelait « La petite nonne qui fait trembler les yé-yé » est ainsi confiée à Sœur Joëlla par les Ancelles de Jésus-Maria, congrégation fondée dans les années 1950 se présentant comme « jeune, moderne, aimant chanter, voulant se garder apostoliquement à la page et exprimer par le chant toute sa joie, mais aussi la vie profonde qui l'anime ». La congréganiste s'en acquitte en deux quarante-cinq tours. Son premier, « Chantons la

Bonne Nouvelle», fait frémir quelques paroisses, mais ne franchit pas la frontière avec le monde ordinaire. Son deuxième est aussi son second. Aucune autre émule de Sœur Sourire ne fait mieux.

Les hommes sont d'autant moins en reste qu'ils occupaient le terrain de la chanson d'inspiration religieuse depuis dix bonnes années avant Sœur Sourire. Depuis 1953 – et jusqu'au mitan des années 1960 –, le père Duval, jésuite que Brassens, devenu son ami, baptisera dans l'une de ses chansons « la Calotte chantante », remplit les 2800 places du TNP à Chaillot aussi bien que les 1 600 de l'Olympia. Des plus de 3 000 concerts qu'il donne dans 44 pays, celui de Berlin rassemble 30000 personnes. Il vend plus d'un million de disques, avant de sombrer dans l'alcoolisme, contre lequel il écrira sa lutte, sous le titre *L'Enfant qui jouait avec la lune : chanteur, jésuite, alcoolique*. Comment imaginer que les autres ordres ne soient pas tentés de lui emboîter le pas, alcoolisme mis à part? Les Franciscains alignent le Père Bernard («Frère feu»), les Bénédictins lancent le Frère Didier («La Complainte du blouson noir»), les Dominicains le Père Cocagnac, qui les dépassent en notoriété avec ses chansons bibliques («La Femme adultère», «La Prise de Jéricho»), sans toutefois parvenir à égaler son confrère jésuite. Mais Dieu n'est pas homme à se décourager. Puisque, dans leurs chansons, les croyants l'accommodent d'une manière trop fade, Il préfère confier le soin de Le chanter à des agnostiques, même goguenards, et Il se faufile dans le répertoire des chanteurs laïques : Brel, Brassens, Piaf, Barbara, Ferré, Gainsbourg, Gréco, Vanderlove, Antoine, Reggiani et, plus tard, Les Poubelles Boys, Java... C'est en écoutant toutes ces chansons que j'imagine une émission qui diffuserait autour d'un même thème des morceaux de tous genres et de toutes époques. Dans l'idée de contrarier la tendance générale des radios, même celles du service public, à ne diffuser que les titres les plus récents sous la pression de l'industrie du disque, je fais part de mon projet au président de Radio France, qui l'approuve.

Le cirque, les Anglais, les animaux, l'argent, la guerre, l'homosexualité, les pays, la rentrée, les saisons, la vieillesse, les femmes, les hommes, le dimanche, la Bretagne, le Midi, les gangsters, le vin, la politique, le temps, la mort, l'amitié, l'adultère, la santé, le vélo, les enfants, la voiture, l'Afrique, les assassins, la paresse, les petites annonces, la peur, la jeunesse, les voisins, les chansons interdites et, bien sûr, l'amour... Autant de thèmes autour desquels, soutenu dans la bonne humeur par un documentaliste de première, Thierry Dupin, et par une réalisatrice hors pair, Perine Menguy, je vais orpailler une douzaine de chansons par émission, en agitant mon tamis dans l'espoir qu'il retienne celles qui ont eu la faveur du public et celles qui ont vainement cogné à ses oreilles, celles qui sont passées de mode et celles qui y reviennent, celles que l'on retrouve avec le même bonheur qu'un coin intact du pays de ses vacances, celles qui tiennent lieu de prière, celles qu'on a apprises pour faire enrager sa famille, celles qui nous ont servi à ébranler les résistances de celle qui, de celui que... *La prochaine fois je vous le chanterai* sera pendant seize ans un rendez-vous hebdomadaire.

Au printemps 2015, Radio France connut sa plus longue grève. *Le Monde* me demanda d'en expliquer les causes et les revendications. J'écrivis qu'« après cinq ans d'une gouvernance médiocre, à la fois indolente et brutale, confiée par Nicolas Sarkozy à des amis ou à des complaisants, les personnels de Radio France n'accordaient d'importance qu'à une chose : avoir enfin un projet et un patron. Lors de l'arrivée de leur nouveau président, la plupart des collaborateurs avaient, comme ils l'ont aujourd'hui, conscience de l'importance des défis à relever. Le premier de tous est de demeurer un service public dans un monde où l'on fait bon marché de l'intérêt général, dans un domaine, celui de l'audiovisuel, où la spécificité des programmes proposés par les sociétés nationales n'a fait qu'aller en s'érodant, et dans un secteur d'activité, celui de la Culture, d'autant plus difficile à faire vivre qu'il est devenu une auberge espagnole en même temps qu'une variable d'ajustement budgétaire. » Je m'efforçais de dresser un tableau complet des questions importantes, de la gestion des ressources humaines (indigne), à la rénovation du bâtiment (ubuesque), en passant par l'invasion des mesures d'audience et de l'esprit marketing dans l'établissement des programmes (mortifère). Je concluais ainsi : « Interrogé sur son projet lors d'une récente assemblée générale, le président de Radio France a répondu que, faute de moyens, il lui était impossible de présenter une ambition. Je crains que ce ne soit là que l'on doive trouver la raison la plus forte d'une déception devenue désarroi avant de tourner à la colère. »

Le rapport entre cette tribune et la fin de ma collaboration à France Culture et à France Inter peut tenir de la corrélation. Il peut aussi tenir de la causalité. Quoi qu'il en soit, je dus laisser d'abord *La Prochaine Fois*, puis *L'Esprit public*, dont nombre d'auditeurs m'écrivirent qu'ils apprécieraient que j'en poursuive les conversations sur la Toile, sous la forme d'un podcast. Leurs incitations furent nombreuses et approuvées par beaucoup de mes amis et de mes confrères, et d'abord par la demi-douzaine de collaborateurs réguliers de l'émission.

Mon intention était plutôt d'entreprendre un long voyage, mais je n'eus pas le temps d'en établir l'itinéraire. Un producteur de 25 ans contacté « pour voir », Julien Neuville, qui, professionnellement parlant, avait encore du placenta dans les narines, me convainquit que la chose pouvait être tentée et balaya mes envies de désertion avec une telle efficacité qu'à peine huit jours après mon départ de la Maison ronde, *Le Nouvel Esprit public* partait à la rencontre de ses auditeurs. À l'heure où j'écris ces lignes, ce podcast poursuit sa route depuis six ans, accueillant incessamment de nouveaux auditeurs et de nouveaux collaborateurs. J'y retrouve ce que j'ai connu jadis et naguère à la radio de service public, et même ce que beaucoup d'entre nous avaient naïvement et vainement espéré de l'apparition des radios « libres » qui se sont si vite asservies, la liberté que n'intimident ni les prescriptions des courants de pensée dominants ni les injonctions des réseaux sociaux, l'absence de ces chefaillons toujours prompts à expliquer ce que veut et ce que ne veut pas le public, le culot d'essayer une idée que l'on croit féconde et l'honnêteté d'y renoncer si elle fait long feu, la camaraderie plutôt que la hiérarchie, le souci des auditeurs plutôt que la crainte des importants…, tout ce qui a rendu si savoureuses les trente-cinq années que j'ai passées à Radio France, alors je me pose aujourd'hui la question : si je n'avais pas fait ce métier, n'aurait-il pas fallu que je travaille ?

# Mon monsieur Germain

Ce n'est pas une mince affaire, à 7 ans et demi, d'apprendre par cœur *La Mort du Loup*, même si ce n'est que la première partie. Soixante vers, quand même. Et cinq cents mots. J'aurais préféré *Le Coche et la Mouche*, *Le Héron* ou *Le Chat, la Belette et le Petit Lapin*. Mais, si La Fontaine figurait en très bonne place dans le panthéon de M. Rayée, il n'en était pas moins impropre à l'exécution et, plaise au Ciel, à la réussite du dessein qu'il peaufinait depuis qu'en visite au rectorat pour quelque question bureaucratique, il avait, tandis qu'il attendait dans un couloir, entendu une secrétaire préciser au téléphone la date de la visite de l'inspecteur au groupe scolaire Louis-Pasteur. D'habitude, à cette époque disciplinaire, la redoutable visite n'était précédée d'aucun avertissement et on l'apprenait le matin même. C'est pourquoi, lorsque venait le moment de la récitation, c'était toujours La Fontaine : nous en avions nécessairement appris au moins une fable. Mais cette fois-ci, nous pouvions bluffer le redoutable personnage. Vigny, donc, malgré mes prières. Tous les jours après la classe :

*Les nuages couraient sur la lune enflammée*
*Comme sur l'incendie on voit fuir la fumée,*
*Et les bois étaient noirs jusques à l'horizon…*

« Va doucement… Fais-nous voir les bois… Il faut arriver à prendre ton temps sans traîner… »

*… Le plus vieux des chasseurs qui s'étaient mis en quête*
*A regardé le sable en s'y couchant ; Bientôt,*
*Lui que jamais ici on ne vit en défaut,*
*A déclaré tout bas que ces marques récentes*
*Annonçaient la démarche et les griffes puissantes*
*De deux grands loups-cerviers et de deux louveteaux.*
*Nous avons tous alors préparé nos couteaux…*

« Là tu prends un temps de silence… Tu nous laisses deviner… Tu laisses monter la peur… »

*Alors il a saisi, dans sa gueule brûlante,*
*Du chien le plus hardi la gorge pantelante*
*Et n'a pas desserré ses mâchoires de fer,*
*Malgré nos coups de feu qui traversaient sa chair…*

« Oui, c'est ça. Mets bien de l'effroi dans la *gorge pantelante* et, pour la fin, pense qu'il y a des larmes dans les derniers vers » :

*Il nous regarde encore, ensuite il se recouche,*
*Tout en léchant le sang répandu sur sa bouche,*
*Et, sans daigner savoir comment il a péri,*
*Refermant ses grands yeux, meurt sans jeter un cri.*

Le jour de la visite – de l'inspection –, pour chacune des matières, l'un d'entre nous était appelé au tableau : français, orthographe, calcul, histoire, géographie, sciences naturelles. Le représentant du ministère, assis à quelques pas de l'estrade du maître, pouvait lui laisser le choix de désigner l'élève ou, s'il était rosse, prendre l'un d'entre nous au hasard. Celui-là, bon prince, laissa M. Rayée choisir. Pour le calcul mental, ce serait Lachenal, qui aurait pu remporter des championnats et qui savait au moins dix décimales de *pi*. Pour l'Histoire, ce ne pouvait être que Nafrechoux, doux et fort gaillard, plus âgé que le reste de la classe, et qui ne brillait dans aucune matière. Il ne possédait qu'un don, celui de se souvenir de n'importe quelle date de l'Histoire de France. Lui lâchait-on « traités de Westphalie », il enchaînait : 1648. « Victoire de Fontenoy » : 1745. L'ordre inverse le trouvait tout aussi infaillible. « 1830 » : les Trois Glorieuses. Nafrechoux n'aurait pu dire un mot de ce que stipulaient les traités de Westphalie, ni de l'enjeu de Fontenoy, ou même le pays de l'ennemi battu, ni de ce qui rendait glorieuses ces trois journées de 1830, mais les consignes de l'Éducation nationale voulaient que nous apprenions les dates et, pour les dates, rien que les dates, mais toutes les dates, l'assurance nafrechovienne était un roc...

Dernière matière appelée, la récitation. « Meyer va nous dire *La Mort du Loup.* » Afin qu'il puisse vérifier que je n'omettais aucun vers, l'instituteur tendit à l'inspecteur son volume des *Destinées* ouvert à la page en même temps qu'il me donnait le signal du départ.

*Les nuages couraient sur la lune enflammée*
*Comme sur l'incendie on voit fuir la fumée,*
*Et les bois étaient noirs jusques à l'horizon...*

« C'est un peu long, interrompit l'inspecteur. Va à la fin, prends à : “Il s'est jugé perdu, puisqu'il était surpris...” » Je récitais les dix-huit derniers vers avec tout l'effroi dont j'étais capable au moment de la *gorge pantelante* et presque des sanglots dans le dernier quatrain. L'inspecteur referma le livre, remercia son jeune collègue, le salua puis partit pour le bureau du directeur, le massif et minéral M. Ledoux. M. Rayée marqua un temps de silence. « Tu la réciteras à la prochaine fête. » Ainsi fut fait, juste avant les vacances de Noël, que cet établissement laïque célébrait par la distribution de menus cadeaux – des livres, bien sûr, et des figures historiques à découper dans des planches de carton –, avant que chaque classe ne donne un chant ou une saynète. Un chocolat chaud clôturait ce rituel.

Quelque quarante-cinq ans plus tard, au théâtre de la Ville aux Abbesses, où je jouais *Paris la Grande*, un spectacle de textes et de chansons sur la capitale, M. Rayée laissa à mon intention une carte postale représentant la Joconde – j'avais mis à mon répertoire l'impayable chanson de Paul Braffort, « Menuet pour la Joconde », que Barbara avait rendue fameuse à L'Écluse avant que Juliette n'en fasse une de ses gourmandises. Au verso de cette image, mon ancien instituteur avait écrit : « En 1956, j'encourageais le jeune Philippe Meyer à réciter Vigny. Cette année, je viens l'applaudir quand il dit ou chante Baudelaire, Genevoix, Maupassant, Hugo. Je veux tout simplement te dire le bonheur que j'ai eu à *Paris la Grande* et assurer le comédien-auteur-chanteur de mon admiration. » Et, au-dessous de sa signature : « Victor Hugo, justement : "Il y a, dans l'admiration, je ne sais quoi de fortifiant." » Cette carte n'a jamais quitté mon bureau.

Je dois à M. Rayée d'avoir découvert que l'autorité peut ne pas être une affaire de titre, de galons ou de position, mais d'attention à ceux sur qui elle s'exerce. De capacité à leur demander de donner un peu plus que ce dont ils se croient capables en leur montrant qu'ils en ont les ressources et non à grand renfort d'ordres et de consignes, de reproches et de punitions, comme j'en avais été gratifié abondamment jusque-là. Gaucher, ma gaucherie m'avait été reprochée comme une faute et, pour écrire, l'utilisation de la main droite m'avait été imposée à coups de gueule et de règle. Ma graphie s'en ressentait, qui méritait d'être traitée de « pattes de mouche ». À la maison, pour les lettres à mes grand-mères et arrière-grand-mères, je persistais à écrire de la main gauche, incapable de comprendre en quoi cette disposition innée et involontaire constituait une faute, et comme pour garder quelque chose qui m'appartenait. Je tentais de convaincre M. Rayée de me laisser faire à ma guise. Il ne le pouvait évidemment pas, quelque opinion qu'il ait sur cette obligation. Toutefois, un jour, après la classe, il me fit écrire un même texte avec les deux mains. Constatant que la gauche était meilleure que l'autre, il entreprit de m'expliquer l'avantage d'être ambidextre. « J'ai remarqué que tu aimes jouer à la balle aux prisonniers et que tu te débrouilles pas mal. Si tu deviens aussi fort de la main droite que de la gauche, tu vas dérouter tes adversaires... Pour ce qui est d'écrire, tu pourras toujours le faire comme ça te chante quand tu écriras chez toi et, plus tard, au lycée, on ne te demandera sans doute pas d'écrire comme ceci ou comme cela. En attendant, cultive tes deux mains, évite les ennuis et les punitions et sois le meilleur à la balle aux prisonniers. »

En me donnant un but dont la confidence resterait entre nous, M. Rayée m'offrait la chance de retourner à mon profit l'arbitraire d'une contrainte inepte et même de rire sous cape de la surprise manifestée par celui des instituteurs qui s'était particulièrement chargé de me corriger, lorsqu'il découvrit ma nouvelle application à user de la « bonne main ». Je n'ai jamais cessé de chercher cette forme d'autorité et j'ai tâché d'éviter de me plier aux ordres qui n'avaient pour justification que la brusquerie et la poigne de ceux qui prétendaient qu'on s'y soumette. Quoique je n'écrive plus que de la main droite...

Près de trente ans plus tard, invité d'une émission qui m'offrait de revoir une personne chère que j'aurais perdue de vue, je demandais sans trop y croire que l'on retrouve M. Rayée. C'était sous-estimer et l'ascendant des médias et la bonne tenue des registres de l'Éducation nationale. M. Rayée était instituteur au lycée français de Milan et Jacques Pradel, le producteur de cette émission de France Inter, station où je barytonnais une chronique matutinale depuis plusieurs années, obtint l'argent d'un billet d'avion et d'une nuit d'hôtel (autres temps, autres mœurs). Une grève d'Air France fit capoter le projet. Il nous restait la liaison téléphonique. D'emblée, je reconnus sa voix, ou plutôt à la fois son timbre et sa manière de s'exprimer. Il avait surtout été en poste hors des frontières, à Mayotte, notamment, pendant de nombreuses années, et c'est l'écoute de la radio qui lui avait donné de mes nouvelles, car il n'avait pas douté que le billettiste de « Nous vivons une époque moderne » et le récitant « chien le plus hardi, la gorge pantelante » soient la même personne.

Il raconta la fable de *L'Inspecteur et La Mort du Loup*, parla de ce que la radio avait représenté pour lui pendant ses années d'éloignement et décrivit ce qu'il avait tenté de réussir avec ses petits élèves mahorais. Hors antenne, il donna son adresse pour que nous puissions nous revoir lors de ses vacances en France, dans le massif des Maures, où il avait acheté une maison. L'été suivant, il me donna rendez-vous aux Arcs-sur-Argens, devant le donjon de la cité médiévale. Sa chevelure noire et abondante des années 1950 n'était plus qu'un souvenir mais son regard suffisait à le reconnaître. Michel Rayée – quel mal j'ai eu à l'appeler par son prénom, comme il le souhaita – avait prévu un déjeuner chez lui, afin de me présenter à son compagnon, dont il m'avait annoncé partager la vie de longue date, lorsque nous avions mis au point nos retrouvailles.

Également prénommé Michel, c'était lui aussi un instituteur, mais dont la carrière avait été celle d'un directeur d'école. Ils avaient réussi à avoir les mêmes affectations, notamment en choisissant des postes peu ou pas réclamés. Mayotte en était un. Le long et difficile séjour qu'ils y avaient effectué leur avait valu, selon les règles compliquées de l'Éducation nationale, une sorte de bonus leur permettant de terminer leur carrière en Italie. Telle fut, du moins, leur explication empreinte de modestie.

Mon idée de leur administration n'était pas si sombre que je renonce à penser que la qualité de leur enseignement et de leur dévouement à la cause d'apprendre avait joué un rôle dans cette ultime et agréable affectation. Quoi qu'il en soit, tout au long de leur exercice du métier, partir loin avait été le seul moyen de partir ensemble et d'échapper aux brimades dont leurs postes en métropole avaient été le cadre constant, y compris au groupe scolaire Louis-Pasteur, dont je découvris les peu ragoûtantes coulisses. N'écrire que de la bonne main et n'emprunter dans ses affections et ses plaisirs que les sentiers balisés allaient de pair et, si les représailles réservées à l'amour qui n'ose pas dire son nom n'allaient pas jusqu'aux coups de règles sur les doigts et sur la tête, elles procédaient de la même bêtise à front de taureau.

J'ai raconté comment, des années après cette rencontre aux Arcs-sur-Argens, Michel et Michel vinrent assister au spectacle que m'avait commandé le théâtre de la Ville et son formidable directeur Gérard Violette. Après avoir reçu sa carte postale de la Joconde, je lui reprochais de ne pas m'avoir prévenu de leur venue ni attendu au sortir de la scène. Il avait craint d'être importun au milieu d'admirateurs – ce fut son mot – auxquels il préférait me laisser. D'ailleurs, mais je ne le sus que trop tard, il ne lui restait que peu de temps à vivre…

L'évocation de Michel Rayée est davantage une allégorie qu'un portrait. Combien des lecteurs de ce livre y retrouveront un personnage envers qui ils ont une dette semblable, c'est celle qui fit écrire Albert Camus après son prix Nobel à son instituteur d'Alger, M. Germain : « C'est du moins une occasion pour vous dire ce que vous avez été, et êtes toujours pour moi, et pour vous assurer que vos efforts, votre travail et le cœur généreux que vous y mettiez sont toujours vivants chez un de vos petits écoliers qui, malgré l'âge, n'a pas cessé d'être votre reconnaissant élève. Je vous embrasse de toutes mes forces. »

# La walkyrie aux yeux de lac

À une quinzaine de minutes de train de la gare Saint-Lazare – anciennes et nouvelles voies ferrées n'ont pas encore été raboutées pour constituer le RER –, le voyageur qui descend à la station Nanterre-La Folie-Complexe universitaire à l'orée de l'hiver 1969, six mois après « les événements », ne peut avoir d'autre but de voyage que ce champ de ruines parcouru par des revenants : l'Université Paris-X. Se croisent en s'ignorant des zombies qui courent d'AG en comités, des ombres qui picorent des cours et des travaux dirigés – le moins possible – et s'empressent de rentrer chez eux, des spectres qui s'obstinent à se croire dans un établissement d'enseignement supérieur et qui s'organisent pour satisfaire dans quelques mois aux critères qui feront d'eux des diplômés.

Fantôme moi-même, plutôt de la troisième catégorie, j'ai pris la précaution de m'inscrire au début de l'automne à une maîtrise en sociologie avant de disparaître pour un gros trimestre au Canada puis aux États-Unis. J'en ai rapporté un sujet dont je compte faire mon « mémoire » puisque c'est ainsi qu'est nommée la thésicule qui doit justifier les prétentions du postulant à un avenir de chercheur, en tout cas à un diplôme de « maître ». Les certificats qui complètent ce travail et donnent ainsi l'accès au parchemin ne seront pas de bien grands obstacles : les professeurs qui les font passer – seulement quand ils ne peuvent vraiment pas faire autrement car, parmi les variétés de mauvais coucheurs que le printemps 68 a fait éclore, Dieu sait à laquelle appartiendra l'étudiant mal noté à l'écrit ou rebuté à l'oral –, ces professeurs sont d'un délicieux laxisme et les assistants auxquels ils délèguent le plus souvent possible cette corvée peut-être périlleuse tiennent à ce que nous les considérions comme des copains ou comme des camarades. On ne se souvient pas qu'ils aient un jour recalé un candidat. On murmure même qu'ils auraient accordé la moyenne à des étudiants qui ne se sont pas présentés.

Le mémoire est donc le gros morceau de cette fichue maîtrise. Il faut d'abord faire accepter mon sujet : « Organisation communautaire et délinquance juvénile, un exemple au Québec ». Inspiré par le militant et professeur de sociologie de Chicago Saul Alinsky, l'organisation communautaire, ou animation sociale, mais cette deuxième appellation fleure trop les colonies de vacances, se propose d'aider un quartier (« une communauté », préfèrent dire les Américains) à identifier et à prendre en main ses problèmes, travail (ou chômage), sécurité, logement, santé, à s'organiser pour leur trouver des solutions, et à apprendre à connaître et à faire valoir ses droits. Appliquée à la délinquance juvénile, l'hypothèse qu'Alinsky et ses disciples se sont employés à vérifier à Chicago est que plus une « communauté » est impliquée dans la résolution de ses problèmes, moins cela laisse de place à la dérive des jeunes – des jeunes Noirs, dans la métropole du Midwest – vers la violence et la drogue. Après trois ans passés à Paris à travailler dans un club de prévention de la délinquance juvénile animé par des personnalités attachantes et désintéressées, mais imprégnées d'un charitable paternalisme version religieuse ou version laïque, je viens de participer pendant plusieurs semaines à Montréal à un travail social à la Alinsky. Le militant rocardien autogestionnaire que je suis depuis que j'ai rencontré Michel Rocard en 1964 et le sociologue que je suis censé devenir y ont trouvé l'un et l'autre leur compte. Pour faire vite (car les obstacles ne manquent pas, qu'ils viennent de la bureaucratie de la ville, de la duplicité endormeuse des élus ou des dissensions entre les membres de la communauté), le sociologue explore un quartier en interrogeant les habitants, identifie avec eux leurs besoins dans les domaines que j'ai cités, propose les fruits de son travail à une assemblée générale d'habitants qui désignera ceux de ses membres qui vont se mettre à la tâche et, par exemple, obtenir la remise en état de logements « sociaux » indignes. L'animateur social n'agit ni seul ni au nom de. Il met ses compétences à la disposition du groupe d'habitants délégué par ses pairs et il veille à ce que ce groupe comporte des personnes de tous âges et tous genres. (Là aussi, en tout cas pour ce qui est du masculin et du féminin, la réalité peut être assez éloignée des prérequis du manuel du *social organizing.*) Ce sont ces semaines d'expérience que je souhaite raconter et analyser dans mon mémoire.

Pourquoi aller porter ce projet à une spécialiste de l'histoire du communisme qui traîne la réputation d'être restée une stalinienne après avoir rompu avec son parti ? Le nom d'Annie Kriegel émerge dans un désert. Les professeurs de l'an dernier, François Bourricaud, Michel Crozier, Alain Touraine se sont évaporés dans la nature. Il reste Henri Lefebvre, « vieux gourou polygame » que le mouvement de Mai n'a pas mieux traité à Nanterre que les situationnistes ne l'avaient fait à Strasbourg et qui « syllabise des borborygmes » farcis de ressentiment et de vantardise. « Le vieux lion a ouvert sa braguette », avait lâché au début des « événements » un collègue agacé par les envolées paraprophétiques de celui dont la roguerie et la suffisance décourageaient les étudiants de creuser avec lui une pensée pourtant originale sur la ville et la production de l'espace.

Des trois nouveaux professeurs nommés à Paris-X, l'un est un sociologue des religions dont on dit qu'il fond en larmes à la première difficulté ou au premier désaccord, l'autre est un philosophe et romancier reconnu, spécialiste pointu des différents mécanismes du racisme. Qu'il n'y ait rien, pour moi, dans cette alternative ne sera pas, et de loin, la seule raison de mon envie de porter mon projet à

Annie Kriegel. D'abord, elle avait été très jeune engagée dans la Résistance. J'arriverai peut-être un jour non à expliquer, mais à rendre sensible aux générations qui me suivent comment ce point, à chaque moment de ma vie, a représenté un a priori décisif, même si je n'ignorais pas que certains anciens résistants avaient mal tourné, battant monnaie de leur appartenance aux réseaux ou en tirant force grandeurs d'établissement. Pour en savoir un peu plus d'Annie Kriegel que n'en avait appris n'importe quel lecteur de journaux intéressé par la politique, je m'étais procuré l'édition de poche de son *Les Communistes français. Essai d'ethnographie politique*. La dédicace me saisit et me laissa silencieux. À force de la relire, j'ai fini par la savoir par cœur et je l'ai plus d'une fois récité tout seul parce que les mots des vivants sont les tombes que méritent tout particulièrement certains morts: « À la mémoire de Charles Wolmark. Il m'avait enseigné tout ce qu'il savait: la classe ouvrière, le communisme, le Parti, Staline, la France, le courage, le malheur. Fidèlement, sans lui et contre lui, j'ai dû continuer à apprendre. "Ce n'est pas gai", disait-il en riant, car il riait toujours. Du moins, je crois. Ou peut-être était-ce moi en ce temps-là ? » J'aurais été navré qu'une femme capable d'ouvrir un travail savant sur des lignes aussi évocatrices d'un homme, d'une période, d'un sentiment et d'un deuil ne veuille pas de moi.

Petite, à peine un mètre soixante, boulotte, habillée pour affronter la boue et le vent de La Folie (le nom de l'ancien camp d'aviation sur lequel fut édifiée la fac), mal installée dans un bureau mal équipé, en face duquel elle me fit asseoir dans la lumière afin, comme je ne le sus que bien plus tard, de pouvoir lire sur mes lèvres, complément indispensable de l'appareil grâce auquel elle surmontait une surdité très ancienne et si complète que, sans son soutien, elle n'entendait même pas le son de sa propre voix, elle m'écouta donc assise bien en face de moi disserter de l'animation sociale version *social organizing*. Elle eut de brèves mimiques qui me semblèrent agacées et aussi des sourires contenus. C'est que l'enthousiasme pour la nouveauté de ce que j'avais observé à Montréal colorait un peu trop cet exposé d'un travail universitaire en devenir. L'esprit du temps était à trouver un nouvel agent historique qui porterait les espoirs de transformation ou, à tout le moins, à offrir à la « plèbe non prolétarisée », comme Michel Foucault devait rebaptiser le lumpenprolétariat, la dignité d'agent de son propre destin. Ma fougue était sans doute imprégnée de cette ambition et peut-être destinée à me convaincre moi-même que ce rendez-vous ne pouvait pas être infructueux.

En réponse, Annie Kriegel me fit le détail des raisons pour lesquelles elle n'avait pas compétence : elle n'avait jamais entendu parler d'Alinsky, elle n'était pas familière de l'histoire du travail social, elle n'avait aucune connaissance particulière de la sociologie urbaine et pas plus de celle de la délinquance. Elle ne m'apporterait donc à peu près rien, pour ce qui est des connaissances. Elle ne pouvait m'offrir que deux choses, les questions que lui inspireraient les éléments de mon travail, une vigilance sévère sur la méthode et une attention impitoyable à ce que je ne me laisse pas emporter par une propension qu'elle croyait deviner – mais dont elle savait qu'elle tenait à mon jeune âge – à sauter aux conclusions sans prudence et à coups de trompette.

Bien plus tard, elle m'indiqua qu'elle avait trouvé que mon sujet et moi étions « rafraîchissants ». Cela me renvoya à la courte honte de l'appréciation qu'avait portée sur mon jeu au tennis Jean Borotra, l'un des « Mousquetaires » vainqueurs de la Coupe Davis en 1932, après m'avoir battu 6-0, 6-0, 6-0 alors que nous accusions quarante ans de différence : « Philippe, vous avez une fougue très sympathique. » Pour l'heure, Annie Kriegel me proposait de revenir huit jours plus tard, chacun ayant réfléchi à l'engagement qu'il se sentait capable de prendre.

Ce fut le début de presque dix ans d'un travail sous son aile qui devait me mener jusqu'à « pondre » 900 pages de thèse. À l'automne 69, diplôme de maître en poche, embauché comme sociologue dans un dispositif pilote de psychiatrie en milieu urbain appelé à être généralisé sous le nom de « psychiatrie de secteur », je n'avais aucune ambition universitaire. La principale raison qui, malgré les difficultés de mener de front le travail d'une thèse et l'exercice d'un métier à plein temps, me fit pousser mes études jusqu'au doctorat a tenu au plaisir, souvent mêlé de misères et d'abattement, de travailler sous sa direction.

Son intérêt pour mon sujet de maîtrise était allé croissant. Elle m'avait poussé à des comparaisons avec l'action syndicale et avec l'action politique dont elle me donnait les références, notamment à propos du syndicalisme d'action directe, d'abord théorisé par une anarchiste américaine au prénom évocateur, Voltairine de Cleyre, développé en France dans le premier tiers du XX$^{e}$ siècle par des militants ouvriers et caractérisé par le refus de toute médiation politique. Elle avait attiré mon attention sur le fait qu'en organisant des quartiers noirs de Chicago, les disciples d'Alinsky s'adressaient à une population que constituaient en communauté sa couleur de peau et les discriminations qu'elle entraînait bien plus que sa situation économique. Cette communauté avait et avait eu, de tout temps, un adversaire. Il me fallait chercher si la plèbe non prolétarisée du centre-ville de Montréal possédait des caractères comparables susceptibles d'inscrire leur mode d'action collective dans la durée.

Dans les mois qui suivirent, elle fut une lectrice et une interlocutrice précise, affûtée et disponible, ne laissant rien passer de ce qui lui paraissait contestable, sans condescendance ni maternalisme. Aux récits que me faisaient mes camarades de leurs rapports avec leur directeur de mémoire, je mesurais combien sa conscience professionnelle et sa patience étaient une exception. Beaucoup n'avaient eu droit en six mois qu'à deux ou trois échanges, essentiellement ponctués de questions très générales, et leur soutenance avait été expédiée comme un coup de tampon.

À la fin de l'année universitaire, m'ayant accordé un satisfecit, Annie Kriegel me demanda quel sujet je comptais proposer pour ma thèse. Je n'en envisageais pas. J'avais un métier et si, lors de mon embauche, mon employeur avait fortement suggéré que j'obtienne la peau d'âne de la maîtrise, puisque c'était fait, rien ne me retenait à la faculté. Ma réponse la déçut et même l'attrista à un point qui m'étonna. Le sujet que j'avais travaillé sous sa direction était un sujet neuf qui ouvrait à bien des développements et, à ses yeux, laisser tous ces domaines de recherche en jachère était une fâcheuse marque de paresse intellectuelle.

Plus que l'argument, c'est sa contrariété qui me poussa à réfléchir. Après des années d'un enseignement secondaire caserneux, dans des établissements quasi inchangés depuis Napoléon, j'avais espéré trouver à l'université un lieu de liberté académique où apprendre à apprendre au contact d'esprits savants décidés à me donner les moyens de me construire un esprit éclairé. Après une année de droit passablement scolaire, j'avais pensé qu'ajouter la sociologie à mon cursus m'approcherait davantage de ce but. Entré à la fac de lettres la première année de la réforme dite « Fouchet », avec ses premiers et ses seconds cycles, je n'y avais trouvé qu'un prolongement de l'enseignement du lycée agrémenté de trouvailles importées des États-Unis, comme ces questionnaires à choix multiples (QCM) qui nous demandaient de cocher la bonne réponse et d'indiquer si Descartes avait écrit le *Traité des passions*, le *Traité de la nature humaine* ou l'*Essai sur l'entendement humain*.

Une fois coché le titre approprié, nul ne se souciait de savoir si nous en connaissions le contenu et quelles réflexions il nous avait inspirées. J'avais protesté par écrit auprès du directeur du département de psychologie où ces questions avaient été élaborées, arguant que je ne m'étais pas inscrit à la faculté pour m'entraîner en vue d'un jeu télévisé. Didier Anzieu – le directeur en question, normalien, psychanalyste et pionnier de l'autonomisation universitaire de la psychologie – me punit de mon insolence en lisant ma lettre au début de son cours et en l'analysant comme un exemple de psychorigidité et de résistance au changement. Cette rebuffade indigne n'avait pas été pour rien dans mon engagement dans le mouvement de contestation dès novembre 1967.

Peu à peu, l'idée de « faire ma thèse » m'apparut comme une façon d'en finir par le haut avec une institution qui avait trahi tous les espoirs que je plaçais en elle. Ne rien lui devoir, la quitter la tête haute avec le diplôme le plus élevé qu'elle délivrait alors en sociologie (l'agrégation de sciences sociales n'existait pas encore) me parut la chose à faire, la liquidation la mieux appropriée de mes relations avec elle. Je retournai voir Annie Kriegel. Mon choix de sujet, affiné avec elle, se porta sur les politiques de l'État à l'égard de cette enfance qu'on appelait au XIX^e siècle « irrégulière », voyous, malades mentaux, vagabonds et autres adolescents « désocialisés », un sujet qui s'étendait de l'hôpital général aux années Giscard, donc à cheval sur l'histoire et la sociologie pour lequel elle se sentait mieux à même de pouvoir me guider que pour mon sujet sur le *social organizing*.

Le doctorant se trouvait dans un état d'abandon que des professeurs paresseux justifiaient en le baptisant « indépendance ». Dans ses Mémoires, elle résume cette situation : « Il n'avait à produire ni projet de recherche, ni rapport sur l'avancement de ses travaux personnels, ni preuve de sa participation à des travaux collectifs, ni témoignage de son souci de valoriser ses éventuelles découvertes.

Tout le contraire : hors sa visite liminaire annuelle, on lui demandait de rester dans son coin et de se taire. Quand il aurait fini, il lèverait le doigt pour le signaler. » Au milieu de cette mascarade, très vite, la solidité de son travail de patronne de thèse attira à son séminaire des étudiants qui semblaient avoir attendu de l'université le même enseignement que j'en avais espéré.

Aux séances qui rassemblaient ses thésards, je retrouvais un délicieux camarade, Jean-François Godchau, avec qui j'avais coprésidé le premier comité de grève de Nanterre, en novembre 1967. Il travaillait sur les origines du trotskisme français, dont il était une figure, cofondateur avec Alain Krivine et Henri Weber de la Jeunesse communiste révolutionnaire, JCR, d'obédience frankiste, partisans de « l'entrisme » au Parti communiste, tandis que leurs frères très ennemis en trotskisme, les lambertistes, pratiquaient la même méthode au Parti socialiste. Les formations politiques infiltrées finirent par se défaire des uns comme des autres. Jean-François ajoutait à ses convictions politiques un amour éclairé de la musique classique, avec une passion pour l'art lyrique et singulièrement pour la mezzo-soprano Teresa Berganza. Sa notice dans l'indispensable *Dictionnaire biographique du mouvement ouvrier*, le « *Maitron* », précise qu'il n'allait cesser, dans le journal *Rouge* notamment, de tenter de convaincre ses camarades, dont beaucoup étaient réticents, que « la grande musique est une des branches les plus exceptionnelles du patrimoine culturel de la vieille Europe » et que, multipliant (dans *Rouge*, donc !) les articles sur les festivals d'Orange ou d'Aix-en-Provence, il s'efforçait de lutter contre les préjugés de ses camarades, qui avaient tendance à qualifier ces festivals de « joujoux de luxe ». Puisque Jean-François était juif, Annie lui avait rappelé ce mot du grand rabbin de Moscou au fondateur de l'Armée rouge : « Ce sont les Trotski qui font la Révolution, ce sont les Bronstein, le vrai nom de Trotski, qui paient la note. »

Ayant, dans les années 1980, quitté la Ligue communiste révolutionnaire pour le PS, Godchau devait devenir l'un des responsables de la Fédération des centres musicaux ruraux tout en enseignant à Nanterre l'économie de la culture. Il m'envoya régulièrement des recueils désolés des « perles » de ses étudiants qui alimentèrent plus d'une fois ma chronique matutinale de France Inter. À sa mort précoce, à 59 ans, Alain Krivine, dont il n'était pourtant plus le « camarade », le célébra comme « un rebelle détaché, ironique, souriant » qui ne se départait jamais d'un « profond respect pour ses interlocuteurs ». À la fin de l'un de ses exposés au séminaire, Annie Kriegel l'apostropha d'un affectueux : « Monsieur Godchau, une chose me frappe, que vous devriez théoriser : vous êtes un trotskiste gai ! »

C'est elle qui avait suggéré à une autre camarade du séminaire, Anne-Marie Sohn, jeune agrégée, normalienne de Fontenay, d'explorer pour sa thèse de troisième cycle le thème de la garçonne, à partir des réactions au roman éponyme de Victor Marguerite publié en 1922 et qui s'écoula à un million d'exemplaires malgré (ou à cause) de l'opprobre exprimé par tout l'éventail politique, extrême gauche comprise, par les sociétés littéraires, par des associations comme la Ligue des pères de familles nombreuses et même par les mouvements féministes, outrés que l'indépendance des femmes puisse être associée à un dévergondage mêlant le lesbianisme au vagabondage sexuel et à la sexualité de groupe. « Annie Kriegel avait fait un cours sensationnel (à l'École normale à Fontenay) sur la France en guerre, parlant de choses dont on ne nous parlait jamais (les munitionnettes, la mobilisation des femmes, par exemple) », devait déclarer plus tard Anne-Marie Sohn, devenue pionnière de l'histoire des femmes et du genre, dans un entretien avec Jean-Baptiste Bonnard pour la revue *Genre & Histoire*. « Annie Kriegel me recevait chez elle, rue Caumartin, dans son bureau avec une table basse où s'empilaient les derniers livres qu'elle avait reçus. Elle était brillantissime. C'était une vraie directrice de thèse. Alors, là, c'était un modèle féminin ! Mais elle a attiré mon attention sur la conciliation entre vie privée et vie professionnelle. Elle m'a dit : "Vous voyez, moi, j'ai toujours fait mes enfants avant les vacances pour être prête à la rentrée." J'étais sidérée ; je me suis dit : *Maman !* ; ah ! çà, elle était très organisée. À mon jury de thèse, elle avait mis Agulhon, qui venait d'arriver d'Aix à Paris, et Vigier. Et elle m'a conseillé de faire ma thèse d'État avec Agulhon. J'ai donc fait ma thèse de troisième cycle avec une femme et ma thèse d'État avec un homme, ce qui fait de moi une exception. [...]. J'entends encore deux collègues dire : "Certes, elle a fait une très bonne thèse, mais tout de même..." »

Le bureau d'Annie Kriegel, dans ce modeste et charmant hôtel particulier proche de Saint-Lazare qui appartint à Labiche et où son mari, Arthur, recevait ses patients (lorsqu'il n'exerçait pas, rappelle le *Maitron*, à la fameuse polyclinique des Bluets, dans le 11$^{e}$ arrondissement, gérée par le Syndicat des métallurgistes, banc d'essai de l'accouchement sans douleur au début des années 1950), fut le lieu principal des échanges avec ses thésards. Non seulement parce que le réduit mal entretenu qui lui était attribué à Nanterre était rébarbatif, mais surtout parce que, sans rien céder de sa fonction de « patronne de thèse », elle aimait le colloque singulier, « la rencontre d'une confiance et d'une conscience », comme l'avait défini un écrivain-médecin, Georges Duhamel.

Plus d'une fois, lorsque nos échanges se prolongeaient jusqu'à la fin de la matinée, elle m'entraîna jusqu'à la cuisine pour les poursuivre autour d'un beefsteak ou de quelque plat réchauffé qu'elle accommodait pour moi, réservant son propre déjeuner à Arthur. Il arrivait que je le croise, le bel Arthur, que j'avais *in petto* surnommé « le Major Thompson », tant sa fière allure, son élégance, sa petite moustache, son regard espiègle et son goût de la litote faisaient de lui le plus british des juifs alsaciens. Annie avait traversé l'Allier à la nage pour rejoindre la zone non occupée avant d'intégrer, à 16 ans, à Grenoble, les rangs des JC-MOI, les Jeunesses communistes de la main-d'œuvre immigrée, dont elle prit bientôt en charge toute la très périlleuse logistique de la Résistance. Arthur avait formé et dirigé le commando qui libéra son frère, Maurice Kriegel-Valrimont, des geôles de la Gestapo, avant d'aller chercher la croix de guerre dans les derniers, mais non les moins meurtriers, combats de la guerre.

Même s'ils se déroulaient souvent dans le cadre intime de la maison de la rue Caumartin, nos échanges n'avaient rien de familier. Mme Kriegel restait Mme Kriegel, quand bien même la grande majorité du corps enseignant de Nanterre affectait de se faire appeler par son prénom, voire de pratiquer le tutoiement. Beefsteak ou pas beefsteak, la distance restait de rigueur. Une distance sans morgue, celle qui convenait à des séances de travail entre professeur et étudiant. Ma curiosité n'en était pas moins sur le gril. Au-delà de la patronne de thèse, comment ne pas voir la femme qui avait traversé, et avec quel engagement, deux épisodes majeurs de l'histoire contemporaine, la Résistance et le stalinisme ?

Comprendre d'où venait la génération dont j'étais issu était d'ailleurs plus qu'une curiosité, un besoin. Mon père maquisard, et, plus tard, mon beau-père, béret vert du commando Kieffer, ne répondaient à mes questions qu'en me faisant comprendre qu'ils étaient passés à autre chose. À les entendre, c'était simple, ils avaient fait ce qu'ils avaient à faire, on pouvait en rester là. Quant au communisme, qui pesait si fort sur la vie politique, il n'avait tenté dans mon entourage personne qui pût me donner quelques clefs pour comprendre de quoi était faite cette passion. J'en connaissais les ravages. L'année de mes 8 ans avait été celle du soulèvement hongrois et je pouvais revoir mes parents consternés devant leur poste de radio, avant que mon père ne parte pour Le Bourget porter couvertures et vivre à destination des insurgés, puis, quelques jours plus tard, n'aille y chercher un réfugié qui resta quelque temps à la maison jusqu'à ce que des réseaux d'amitié lui trouvent travail et logement.

Mes chances d'apprendre par Mme Kriegel un peu de ce que je voulais connaître et comprendre de la Résistance et du communisme ne paraissaient pas bien grandes, mais je ne laissais pas de m'y risquer et d'utiliser tous les moyens à ma disposition, lisant ici, conversant là avec les historiens de sa génération eux-mêmes anciens communistes, François Furet et Denis Richer, qui m'avaient pris en amitié grâce à Françoise Cachin, avec ceux qui s'étaient affrontés à elle, comme François Fejtö, que je rencontrais souvent à *Esprit*, ou Jean-Marie Domenach, aussi exempt de philocommunisme que de philogynie. Arthur, plus porté à socialiser que son épouse, et disposant de davantage de temps, se mêlait quelquefois à l'un ou l'autre des cercles que je fréquentais. Profondément amoureux, il avait la parole moins contrainte et racontait davantage Annie qu'Annie ne le faisait elle-même. Bref, au long de mes années de thésard, et dans celles qui ont suivi, la patronne est restée pour moi une énigme intrigante que je ne déchiffrais qu'à petits pas. L'énigme ne tenait d'ailleurs pas seulement à son passé, mais autant à sa façon si différente d'être professeure et à ce que mes brefs séjours rue Caumartin me laissaient deviner d'un mode de vie si particulier. Si mes connaissances ont progressé, je ne suis pas certain d'avoir percé l'énigme.

La phrase qu'avait dite Annie Kriegel à Anne-Marie Sohn sur la précaution qu'elle prenait de faire ses enfants « avant les vacances pour être prête à la rentrée » résumait beaucoup d'une personnalité et d'une éducation que devaient éclairer ses Mémoires et, dans ses Mémoires, les pages dédiées aux siens, à son père, André, voyageur de commerce, à sa mère, Georgette, tout entière consacrée à son mari et à ses quatre enfants, Henri, Annie,

Jean-Jacques et Françoise. Vers la vie compliquée (et Dieu sait à quel degré la leur devait l'être !), la famille Becker avançait avec des idées simples : le travail, la justice, le respect d'autrui, le sens de ce qui est convenable et celui des inévitables sacrifices. L'élévation sociale est le fruit des résultats scolaires. Pour ses parents, « les concours d'entrée aux grandes écoles incarnaient les noces mystiques de la science et de la république ».

Dans la famille, on cultive les disciplines du corps – Annie est une nageuse émérite et cela lui sera fort utile quand il faudra traverser un fleuve à la nage pour passer en zone non occupée – et on enrichit sa sensibilité par le piano, l'écoute de la musique et les visites au Louvre. Le temps ne doit pas être perdu. Celui que requièrent les travaux scolaires, mais aussi celui des loisirs. En promenade, on apprend le nom des plantes et des fleurs, en vacances au bord de la Manche, à Cayeux, près de l'estuaire de la Somme, on se familiarise avec les espèces de poissons et avec la manière de les pêcher. Avant d'aller au musée, on étudie les peintres que l'on va voir. Bien que l'on ne soit pas religieux, on respecte les prescriptions du shabbat, dont on profite pour échanger en famille sur tout et sur rien, mais plutôt sur tout.

Bref, la famille Becker, qui paraît sortie tout armée d'un manuel d'éducation civique et morale du temps de Jules Ferry ou de Ferdinand Buisson, est aussi éloignée de nous que le sont ces deux fondateurs de l'identité républicaine. Et ce qui marque leur plus grande distance, ce n'est pas le chapelet d'obligations, d'astreintes, de devoirs auxquels tous et toutes doivent se conformer, c'est qu'il n'y a, dans cette vie et dans cette éducation familiales, aucune pose, aucun désir de paraître, aucune soumission aveugle et morne aux normes de la société. Les vertus pratiquées ne sont pas une affiche. Leur pratique est vécue avec l'assentiment souvent joyeux, presque toujours sans tracas intime de toutes et tous, bien qu'Annie perçoive par bouffées les regrets de Georgette d'avoir dû renoncer à un autre épanouissement que celui d'épouse et de mère.

Le destin des unes et des autres témoignera leur vie durant, pour les deux aînés, d'abord dans la Résistance, de leur profonde adhésion à ces valeurs, de la prégnance du mythe familial des « noces mystiques de la science et de la république ». Henri, polytechnicien, ingénieur des mines, sera l'un des concepteurs de la Grande Halle de la Villette, Annie, avant de devenir la normalienne, l'agrégée et l'historienne que l'on sait, obtiendra le CAP de dactylographe – 140 mots / minute – aux heures où tout ce qui permet de faire vivre sa famille porteuse de l'étoile jaune sera bon à prendre, Jean-Jacques deviendra l'un des meilleurs spécialistes de la guerre de 14-18.

La discipline de vie, les manières austères qu'ils ont pratiquées, ils et elle les ont faites leurs, les ont adoptées, avant de s'efforcer de les transmettre avec plus ou moins de succès. En 1990, Annie se flattait d'avoir appris à ses petites-filles à reconnaître une pomme de terre Belle de Fontenay d'une Bintje, d'une Fontane ou d'une Monalisa, de leur avoir enseigné les règles de la disposition des couverts, de l'arrangement des serviettes – jamais en papier –, de l'emploi propre auquel est destinée chaque catégorie d'assiettes et de plats, et, *ultimus sed non minimus*, les usages qui président à la composition des repas et les habitudes d'économie. (Et si j'écris *ultimus sed non minimus* plutôt que *last but not least* c'est parce que je me souviens qu'Annie, déléguée française à je ne sais quel congrès de la Jeunesse communiste européenne, s'exprima en latin avec son cavalier hongrois, faute d'une autre langue commune.) Chez les Becker, les obligations, ce sont les accomplissements de ce que chacun se doit à lui-même. De leur dilution, puis de leur disparition dans la société moderne, il me semble qu'Annie, davantage qu'aucun de ses autres frères et sœur, ne s'en remettra ni ne s'y résignera. C'est, entre autres, ce regret qu'elle assume lorsque, après sa rupture avec le Parti, elle ne craindra pas de se définir comme réactionnaire, en tout cas conservatrice, ou, avec plus de malice, comme « une femme de droite avec une culture de gauche ».

La famille Becker, d'abord essentiellement alsacienne, très endogamique et superficiellement, socialement juive, est réduite à sa judéité quand Vichy la prive de ses droits de française. Dans la Résistance, ce sont les communistes et leurs organisations de jeunesse qui seuls peuvent les accueillir : « La résistance gaulliste ? C'était une résistance d'adultes, de militaires », rappellera Annie, qui retrouvera une identité à la MOI, cette organisation de la main-d'œuvre immigrée qui lui procure « une patrie aux dimensions du monde. J'avais de nouveau une identité ». Tous les risques qu'elle prend, toutes les peurs, tous les camarades que l'on ne retrouve pas au rendez-vous du matin, elle y fera face. La paix revenue, elle sera communiste sans états d'âme et servira cette nouvelle patrie comme elle savait servir. Avec, toutefois, quelques ruades : fascinée par les tableaux implacables que Senghor dresse des ravages de la colonisation, elle s'indigne que les ministres communistes du gouvernement Ramadier votent les crédits pour le corps expéditionnaire au Vietnam. À l'École normale, puis à l'Université et même au Parti, elle pointe avec colère le dédain de ses camarades ou collègues mâles pour les femmes qui prétendent à des « métiers d'homme ». Plus tard, lorsqu'en étudiant le dossier d'une institutrice révoquée pour son engagement politique, elle découvre la correspondance d'une militante communiste des années 1920, une femme douloureuse, lesbienne, confrontée à la dureté d'un milieu très fruste, au triomphalisme grinçant des femmes mariées mères de ses petits élèves et, au-delà, au dédain des bien-pensants, elle trouve maintes excuses aux débordements de certaines militantes féministes.

Qu'elle ait attendu pour sortir du Parti le revirement de Khrouchtchev à l'égard de Tito, « l'hyène fasciste », le « rat visqueux » qui s'était affranchi de la domination de Moscou, qu'elle ait avalé les procès truqués et iniques, les complots inventés pour justifier des liquidations comme celles des blouses blanches, et diverses manœuvres criminelles parfumées d'antisémitisme, après tout, j'en suis réduit à me dire qu'elle ne fut pas la seule. Qu'elle ait exécuté sans ménagements les décisions d'épuration au sein de l'appareil dont on la chargeait – Edgar Morin, qu'elle en chassa, fait un récit piquant de sa mise au ban par celle qu'il surnomme « la Walkyrie aux yeux de lac » –, c'est presque un détail. Le communisme, comme l'a écrit Michel Winock, avait été le principe actif de son retour à la vie. « Cela fonctionnera jusqu'en 1956, se souviendra-t-elle, puis commencera une longue marche pour retrouver notre judéité. »

Nos conversations à Nanterre et, le plus souvent possible, dans l'ancien hôtel de Labiche, allaient leur train. Toute une part de mon travail me plongea dans les archives de la Bibliothèque nationale, à la recherche des monographies rédigées par les innombrables sociétés philanthropiques et/ou savantes qui tentèrent, au XIXe siècle, d'établir un état des lieux de la question sociale. Le travail des enfants, le logement ouvrier, le travail des femmes, les sujets liés à la santé – notamment à la tuberculose –, au repos du dimanche, à la lutte contre l'alcoolisme, tous ces thèmes faisaient l'objet de véritables reportages, conduits avec méthode et rédigés dans un délicieux français châtié « dans l'enfantement duquel on arrive de la pensée à l'expression, lentement, par degrés, à force de tâtonnements et de ratures », disait Sainte-Beuve.

Cependant, si j'accumulais des données en grand nombre, je ne voyais pas comment les ordonner. Il me manquait une pierre d'angle et nos conversations tâtonnaient autour de sa recherche. J'avais prévu un voyage en Amérique du Sud. Mariée à mon meilleur ami, ma sœur vivait avec lui à Buenos Aires pour quelque temps. Je m'étais lié pendant mes premiers pas à la fac avec un bon peu d'étudiants originaires du cône Sud, attirés à Nanterre par des professeurs comme Alain Touraine et François Bourricaud, qui avaient enseigné ou conduit des recherches dans leurs pays, et par la présence de Fernando

Henrique Cardoso, sociologue iconique dans tout le sous-continent pour son livre *Dépendance et développement en Amérique latine* et futur président du Brésil. Pour le long voyage en avion, j'emportais notamment *L'Enfant et la vie familiale sous l'Ancien Régime*, de Philippe Ariès, que Jacques Julliard et Michel Winock venaient de rééditer dans la collection qu'ils dirigeaient au Seuil. Il en sortit la lumière. Pour donner un sens aux données accumulées, il me fallait les mettre en perspective avec l'évolution de la famille vers le modèle nucléaire commencée dès le XVIIIe siècle, m'intéresser à l'évolution de la place de l'enfant dans la société et dans les intimités, m'attacher à la manière dont les transformations de la ville avaient accompagné et quelquefois conditionné ces changements et percevoir les résistances rencontrées.

Rentré à Paris, je demandais à Annie Kriegel un rendez-vous urgent. Elle se couvrit la tête de cendres. Elle avait lu *L'Enfant et la vie familiale* au moment de sa parution, en 1960, mais le livre lui était sorti de la tête. Les pistes tracées par Philippe Ariès méritaient à son avis mieux qu'une simple référence. La population objet de ma recherche, celle des enfants irréguliers et leur famille ou ce qui en tenait lieu, pouvait inspirer à Ariès d'intéressantes comparaisons avec les populations aristocratiques et bourgeoises objets de ses recherches, en même temps que les mouvements des mentalités sur l'enfance qu'il avait été le premier à analyser m'aideraient à mettre en perspective ma collecte de données. « S'il avait été universitaire, il aurait été pour vous un directeur de thèse idéal ! » Mais Philippe Ariès n'était, selon son propre mot, qu'un « historien du dimanche », et si ses livres étaient étudiés des deux côtés de l'Atlantique, l'université française lui avait fermé ses portes. Ne pourrions-nous pas l'associer d'une manière ou d'une autre au travail que nous faisons ensemble ?

Il fut décidé que j'irais trouver Ariès pour lui en faire la proposition. Il me reçut dans l'invraisemblable bâtiment qui abritait l'Institut des fruits et agrumes coloniaux, dont il était le très apprécié documentaliste, ayant été parmi les premiers à imposer l'usage de l'informatique. Il m'accueillit comme l'aurait fait un grand-père. Mon sujet l'intéressa d'emblée. Annie Kriegel nous proposa une sorte de conduite en double commande : elle suivrait mes va-et-vient entre elle et Ariès. Dans cette université dont la déliquescence ne faisait qu'accentuer les corporatismes et les rigidités, il se trouvait donc un « professeur titulaire de chaire » – le féminin n'était pas encore d'usage – assez généreuse pour partager une part de ses prérogatives avec un va-nu-pieds sans titre ni fonction, dès lors que cela profitait au travail de l'un de ses étudiants.

Ce que j'ai écrit de la capacité de travail de cette femme ne laisse pas de place à l'hypothèse qu'elle cherchait à en alléger la charge. Peu de temps avant ma soutenance, un second miracle eut lieu, lui aussi dû à la générosité et à l'élégance d'esprit. François Furet, président de l'École des hautes études en sciences sociales, y fit élire Philippe Ariès directeur d'études. Il devenait de ce fait habilité à diriger les thèses. Annie Kriegel proposa immédiatement qu'il préside le jury dont elle serait le rapporteur. Je soutins donc une thèse intitulée *L'État ingénieur social* devant une ancienne communiste de stricte obédience et un ancien monarchiste, un temps membre de l'Action française dont l'autoritarisme avait fini par lui répugner. Robert Castel, homme spirituel et délicieux, penseur affûté de la question sociale, rejoignit leurs rangs, ainsi que Nicole Questiaux, virtuose du droit administratif, et Nicolas Herpin, spécialiste de la sociologie américaine.

La cérémonie faillit tourner court : dans mon introduction, je soulignai que je n'attendais plus rien depuis longtemps de l'Université (je développai pourquoi) et que je n'étais là que pour satisfaire à des obligations que je m'étais données à moi-même. Je déchaînai la colère d'Annie Kriegel. Elle me lava la tête en réduisant mes petites humeurs vis-à-vis de l'institution à des momeries d'enfant gâté et conclut qu'il était tout à fait indécent de réunir un jury de cette qualité pour en faire les spectateurs de mes piailleries.

Il fallut toute la diplomatie des autres membres du jury, Ariès et Castel en tête, pour que le calme revienne après un moment de suspension. À la reprise, après que j'eus tant bien que mal répondu aux questions et objections de règle dans ce rituel, Philippe Ariès se lança dans un développement très personnel sur le travail du chercheur et sur ce que nos approches et nos disciplines pouvaient avoir de fécond les unes pour les autres. J'eus la surprise de voir le jury prendre des notes. *In fine*, il ajouta avec malice que c'était là l'essence du travail universitaire et que lui, qui n'en avait pas été pendant si longtemps reconnu, savait pourtant ce qu'il lui devait. La salle était archipleine d'amis et de camarades. Ils lui firent une ovation. Je finis la journée docteur *summa cum laude*.

Anne Kriegel me proposa d'être l'un de ses assistants. Je refusai. Elle me le reprocha sévèrement, sans que nous nous fâchions. Lorsque j'eus quitté définitivement la recherche, deux ans après ma thèse, pour devenir journaliste, je la revis sporadiquement. Quand en 1991 elle publia ses Mémoires, *Ce que j'ai cru comprendre*, elle me les adressa avec pour dédicace : « À Philippe Meyer, qui promettait tant… » Je la reçus pour en parler à France Culture. Elle se montra touchée que je l'aie lue avec le plus possible de minutie. Elle mourut quatre ans plus tard. Elle souffrait depuis toujours d'un liposarcome, « un cancer pas très malin, écrivit-elle, mais qui cache sous son emprise énigmatique une formidable obstination. Sans jamais métastaser, il se plaît à offrir de loin en loin de courtes périodes de virulence, ce qui m'a permis, ayant fait le tour de tout l'arsenal dont dispose la médecine, de la chirurgie à la chimiothérapie et à la radiothérapie, de mesurer les fantastiques progrès thérapeutiques. » Bien entendu, ses étudiants n'en avaient rien su et elle organisait ses séances de chimio de manière à être présente à son séminaire.

Lors de son enterrement, son dernier fils me prit à part. « Elle vous aimait beaucoup. Elle vous suivait. Elle nous parlait souvent de vous. » Je restai interdit. Les larmes ne me vinrent que bien après.

# Un médecin dans la cité

Un étudiant en médecine très catholique, responsable fédéral de la Jeunesse étudiante chrétienne, organisateur du pèlerinage de Chartres qui prend en 1948 la tête d'un commando d'une trentaine de membres bien décidés à envahir un bordel à l'enseigne des Belles Poules installé de longue date au 32 rue Blondel a-t-il pour dessein de châtier le vice ? Nenni, la « maison » est privée d'activité, ses pensionnaires sont dispersées depuis le vote de la loi Marthe Richard, quelques mois plus tôt : Philippe Paumelle et ses amis veulent tout simplement s'y établir et y installer des chambres pour les étudiants. Trois ans après la fin de la guerre, la crise du logement sévit, particulièrement à Paris où l'exode rural a provoqué une augmentation massive de la population. Quant aux étudiants, leur nombre est passé en un an de 97 à 123 000 et le Comité parisien des œuvres universitaires, le COPAR, ne se montre guère efficace pour leur trouver des pénates.

La police emmène le commando au poste. Elle garde brièvement le meneur qui, à peine relâché, torréfie la mobilisation de ses camarades et reprend un projet qui aboutira au squat d'une trentaine de lupanars (sur près de deux cents), dont l'un des plus fameux et des plus luxueux, Le Sphinx, boulevard Edgar-Quinet, qui comptait cinq sous-maîtresses et soixante-cinq « pensionnaires » recevant dans un décor néopharaonique avec sortie « de secours » par un accès direct aux catacombes. On dit que, parmi les étudiants catholiques, certains, surtout les provinciaux, éprouvèrent comme un vertige en découvrant les décors des bordels de la rue Saint-Sulpice, de la rue Sainte-Apolline ou du passage Cardinet, et la salle de torture de la rue Monthyon (baron et conseiller d'État qui a laissé son nom et son argent au prix de vertu attribué par l'Académie française)…

Sous l'impulsion de Philippe Paumelle, les étudiants mettent ces établissements en autogestion et créent l'Association des maisons communautaires, prélude à l'organisation de crèches pour celles et ceux d'entre eux qui ont des enfants. Les loyers sont quatre fois moins élevés que ceux du COPAR. Le président de la « corpo » de droit, un nommé Jean-Marie Le Pen, déclare que « les maisons dites communautaires ne servent qu'à héberger des nègres et des communistes ». C'est, à sa façon qui ne variera jamais, un hommage involontaire au souci que Philippe et les siens ont eu d'accueillir des étudiants d'outre-mer et des colonies.

L'orientation de sa vie, Paumelle la trouve dans la « lutte contre le désordre établi », telle que la définit Emmanuel Mounier, dont il a rejoint la revue, *Esprit*. Jeune apprenti psychiatre, bientôt interne, il n'a pas de mal à reconnaître ce désordre dans ce que le langage courant désigne encore comme les asiles de fous, malgré la dénomination officielle d'hôpitaux psychiatriques, adoptée sous le Front populaire. Le changement de nom n'a guère eu d'effet sur la réalité de ces établissements où l'on pratique au mieux le gardiennage des fous et, au pire, leur incarcération. En 1950, le règlement des hôpitaux psychiatriques prévoit un médecin pour 400 malades. Dans le département de la Seine, un chef de service et deux internes ont la charge de 700 pensionnaires. Deux psychiatres, Lucien Bonnafé et Louis Le Guéant, décrivent ainsi les effets de cet abandon : « Les malades souffrent et sont humiliés de cent façons ; ils ne peuvent guérir, ni souvent même être soignés, si ce n'est sommairement. Ils se dégradent lentement dans la monotonie bruyante ou silencieuse de la vie asilaire, ils passent à la chronicité, c'est-à-dire qu'ils meurent progressivement en tant qu'êtres humains. »

On pourrait écrire « au moins sont-ils encore en vie », non par cynisme, mais par référence à la période toute récente de la guerre qui a vu mourir 76 000 des 110 000 internés dans les asiles, dont près de 50 000 sont morts de faim. Le langage administratif dit « décédé par cachexie d'origine alimentaire ». Isabelle von Bueltzingsloewen, dans divers articles et dans un livre, *L'Hécatombe des fous*, donne de cette famine des descriptions prises à Lyon, au Vinatier, à Montdevergues-les-Roses, près d'Avignon, où

Camille Claudel est morte en 1943, un an après la peintre Séraphine de Senlis, internée à Clermont-de-l'Oise. À Paul Claudel, le directeur de l'asile écrivait, deux mois avant la mort de Camille : « Mes fous meurent littéralement de faim : 800 sur 2 000. » Même situation au Vinatier, décrite trente-cinq ans après par un médecin, André Requet : « C'était une époque horrible. Les produits que nous recevions étaient absolument insuffisants pour nourrir 3 000 malades. J'ai vécu des scènes affreuses comme dans les camps de concentration. Des malades se mangeaient les doigts... Ils faisaient des rêves exclusivement alimentaires. J'ai connu un malade qui a mangé tout d'un coup un colis qu'il avait reçu. Il en a fait une rupture gastrique, son estomac a éclaté, et il est mort. Ils buvaient leur urine, mangeaient leurs matières, c'était courant. Nous vivions dans une ambiance de "camp de la mort". Il y avait une ferme dans l'hospice, elle était notoirement insuffisante pour nourrir tous les malades. Et la pauvre ration que l'on nous fournissait de l'extérieur était complètement déséquilibrée et ne pouvait pas les nourrir [...] Nous étions complètement dépassés par le problème. Les malades prenaient les jambes grosses... Et, peu à peu, ils mouraient. Jusqu'en 44-45, il en est mort plus de 2 000. »

Il a fallu attendre plus d'un demi-siècle pour qu'une mission d'étude sur la situation des aliénés pendant la guerre soit confiée à un groupe d'historiens de la santé et de spécialistes de la Seconde Guerre mondiale. C'est dire à quel point, lorsque Philippe Paumelle entame sa carrière de psychiatre, le sort des aliénés préoccupe peu les pouvoirs et presque pas l'opinion publique.

À l'hôpital de Maison-Blanche, à Neuilly-sur-Marne, où il débute comme interne, « beaucoup des malades classés "agités" sont attachés sur leur lit ; quelques-uns sont enfermés dans des cellules à double verrou où ils ne disposent que d'un matelas parfois simplement fait de paille ou de varech. Ceux classés "gâteux", malades incontinents des matières et des urines, sont allongés dans des lits de varech munis de bat-flancs pour les empêcher de rouler à terre ; le fond de ces lits est parfois en zinc avec une rigole centrale qui permet l'évacuation des déjections par un orifice en bas du lit. » Voilà des décennies, depuis Philippe Pinel en 1793 et son successeur Jean-Étienne Esquirol, que l'on parle de réformer l'asile. Le jeune interne ne croit plus à ces projets de réforme, sans cesse affadis puis annihilés, faute de soutien des pouvoirs publics et de l'opinion.

Il commence par un travail d'information et de réflexion en prenant la direction d'un numéro spécial d'*Esprit*, « Misère de la psychiatrie ». Il y attire les plus grands noms de la discipline et il commence à y développer ce qui sera son idée centrale qui est, sinon de supprimer l'asile, au moins d'en faire un lieu de séjour exceptionnel, aussi limité que possible dans le temps et organisé dans l'esprit de la pratique britannique du « *no restraint* », c'est-à-dire de l'abolition des mesures de contraintes, de la création d'activités de loisirs et de l'instauration du travail des malades. L'activité thérapeutique s'ordonnera à partir d'un dispensaire permettant le diagnostic et le suivi en ville des malades, d'hospitalisation à domicile, d'ateliers d'aide par le travail et d'un déploiement d'assistantes sociales.

J'allais avoir 22 ans et un diplôme de maîtrise à venir lorsque Philippe Paumelle, qui avait demandé au directeur d'*Esprit*, son ami Jean-Marie Domenach, s'il ne connaissait pas un sociologue un peu allant, me reçut rue de la Colonie, à deux pas de la pittoresque place des Peupliers et des maisons ouvrières qui l'entouraient alors. La fermeture de la raffinerie Say venait de mettre 800 ouvriers au chômage, trois ans après que la dernière Panhard 24 fut sortie d'une usine automobile qui constitua dans le 13e arrondissement, pendant plus d'un demi-siècle, une ville dans la ville. Les maisons ouvrières sont aujourd'hui le fin du fin de l'habitation des néobourgeois, friands des anciennes photos en noir et blanc où l'on voit déambuler un prolétariat désormais folklorisé. Le bacille de Koch n'y figure pas, pour l'éradication duquel avait été bâti le dispensaire devenu le siège de l'Association de santé mentale et de lutte contre l'alcoolisme dans le 13e arrondissement de Paris, dont le fondateur et directeur voulait monter un service de recherche où il pensait que je pourrais me montrer utile.

C'est une des caractéristiques de Philippe Paumelle que cette volonté de confronter la pratique à la réflexion, d'y introduire un regard extérieur. Pour certains de ses confrères, elle n'était qu'une lubie qu'il fallait passer au patron. (D'ailleurs, elle ne lui survécut pas.) Deux médecins, l'une, Sylvie Faure, psychiatre et psychanalyste, qui dirigeait le service, et l'autre, Anne Bodenheimer, psychanalyste, avaient déjà été recrutées. Elles étaient une paire d'amies et devinrent les miennes. Travailler avec elles était une affaire sérieuse qui n'avait pas l'air d'être un travail.

Au fil de mes études, je m'étais orienté vers une recherche sur les procédures du contrôle social, et j'avais passé trois ans comme éducateur dans un club de prévention de la délinquance juvénile, dans le 18e arrondissement. Paumelle m'en fit parler davantage que de mes maigres travaux, insistant sur le fait qu'il souhaitait que les chercheurs se mêlent aux praticiens, ce qui devait me valoir de passer de nombreuses journées au pavillon fermé de L'Eau Vive, l'hôpital que l'association avait fait construire dans un grand parc à Soisy-sur-Seine, d'observer au dispensaire certaines consultations et d'assister à de nombreuses réunions consacrées aux malades et à leur prise en charge.

Rien, dans l'attitude du fondateur du Treizième, ne mettait avec son interlocuteur une autre distance que celle qu'inspirait la différence d'expérience, de savoir et d'âge. Son autorité n'avait pas besoin de signes extérieurs, elle s'imposait comme s'imposait sa conviction d'une tâche considérable et considérablement nécessaire. Pour lui comme pour moi, l'appartenance au cercle de la revue *Esprit* et l'amitié de Jean-Marie Domenach valaient préjugé favorable et signifiaient la même volonté d'engagement dans la cité et le même refus du « désordre établi ».

L'une des raisons de mon embauche tenait au souci marqué de Paumelle de prendre en compte l'ensemble de ce qui faisait la vie des patients. Le premier travail qu'il me confia fut d'ailleurs d'élaborer un tableau des conditions de vie des habitants de l'arrondissement. Elles étaient restées proches de celles du XIXe siècle, particulièrement pour ce qui est du logement. Dépourvu pour les deux tiers d'entre eux des commodités de base (un seul point d'eau par appartement, des installations sanitaires collectives, un chauffage rudimentaire ou défaillant, une aération déficiente), on s'y entassait dans une ou deux pièces où les couchages étaient installés à l'heure du sommeil, sans que les habitants puissent prétendre à quelque intimité. Paumelle me fit observer à quel point cette privation pouvait jouer un rôle dans l'état des adultes de tous âges que les services prenaient en charge et comme elle pouvait aggraver leurs difficultés.

Je l'ai vu à plusieurs reprises presser les assistantes sociales de mettre en œuvre tout ce qui était possible pour aider les uns à trouver de meilleures conditions de logement, pour permettre aux autres d'avoir, au moins pour un temps, un lieu qui soit le leur, où il soit possible de se reposer des contraintes et du poids d'une proximité imposée et permanente, avec ses conflits latents ou patents. Il insistait avec la même constance pour qu'une aide soit apportée à qui avait perdu son emploi, ou pour qu'un emploi adapté soit trouvé à qui n'était pas en état d'exercer pleinement un métier.

La psychanalyse prenait depuis peu la place qu'on lui avait refusée dans le traitement des maladies mentales. Elle exerçait désormais sur beaucoup d'esprit une séduction envahissante. Parmi les soignants non médecins, beaucoup étaient fascinés par les approches freudiennes. J'ai gardé en mémoire l'épisode qui commença avec l'hospitalisation d'une quadragénaire après sa tentative de suicide consécutive au décès d'une mère avec qui elle avait toujours vécu. Philippe Paumelle insista pour que toutes les dispositions soient prises qui lui permettraient de retrouver, lorsqu'elle sortirait de L'Eau Vive, un logement que le propriétaire essayait de reprendre. Huit jours plus tard, il s'enquit de ce qui avait été fait dans ce sens. « Nous en avons discuté et nous sommes arrivés à la conclusion que cet appartement était pour elle un morceau de sa mère. » Pour autant, nul n'avait vérifié si cette femme n'allait pas se retrouver à la rue à sa sortie. Ce jour-là, Paumelle remonta des bretelles mais, au fil du peu d'années qui lui restait à vivre, il ne remonta pas ce courant.

D'un séjour d'observation au pavillon fermé, réservé aux grands psychotiques, je tirai un mémoire sur la psychiatrisation de tous les éléments de la vie quotidienne des malades hospitalisés. « Il m'a semblé que la vie quotidienne d'un malade, dans la plupart des cas, oscille entre la prise de médicaments et l'entretien psychothérapique avec le médecin de pavillon et que ses rapports avec les infirmiers étaient limités par ces deux pôles. J'ai été frappé par le fait que l'ensemble de l'équipe soignante cherchait quasi uniquement à mobiliser chaque malade en vue de la prise de conscience de ses "problèmes" intrapsychiques et nullement à un autre niveau de réalité. Chaque malade a pourtant une culture dans le sens le plus large du mot : un système de référence, des intérêts, si faibles soient-ils ; la plupart ont – ou ont eu – un métier, même irrégulièrement. Cette culture, ces intérêts, ce métier, ils ont construit autour d'eux une image de leur rôle social, de leur statut dans la société et donc de leur identité. Ils pourraient, eux aussi, faire l'objet d'une tentative de mobilisation. » Cette suggestion, que je croyais et crois encore dans le droit-fil de la proposition à l'origine du Treizième, fut plutôt reçue comme une intrusion. J'aggravai cette impression en concluant: « Pour me résumer, le discours médical et, à l'intérieur de celui-ci, le discours psychanalytique n'est-il pas survalorisé à L'Eau Vive au point d'exercer un effet double et dialectique; à la fois terroriste et mimétique ? » J'étais en train de perdre la foi.

Je la retrouvai pour un moment lorsqu'il fallut contribuer à la défense du Treizième devant un tribunal correctionnel, puis une cour d'appel. Le fils d'une malade hospitalisée à L'Eau Vive et décédée après s'être égarée au cours d'une promenade improvisée avec une autre patiente portait plainte au pénal (non sans exiger des réparations dont le montant était sans rapport avec l'absence d'intérêt qu'il avait montré pour sa mère). Directeur de l'hôpital, le docteur Paumelle fut condamné. Avant de prononcer leur arrêt, les magistrats du siège et du parquet avaient fait preuve d'une constante agressivité à l'égard de l'accusé et de la soixantaine d'infirmiers et de soignants, dont la présence constituait un soutien d'autant plus impressionnant qu'il restait muet, malgré les provocations des magistrats. « Trouvez-vous normal qu'une malade atteinte de maniaco-dépression (sic) soit laissée libre de circuler à sa guise dans l'hôpital ? », avait rugi le procureur que les morts des asiles ne dérangeaient pas, puisqu'ils étaient morts dans la légalité.

Ce retour du refoulé social, cet appel à l'enfermement des fous redonnait toute sa valeur au projet du Treizième. Mais l'institution y était de plus en plus indifférente. Elle n'attendait rien de la sociologie, et plus d'un médecin de secteur me conseilla d'entrer en analyse et d'envisager d'en faire mon métier. Au demeurant, les disciples de Freud étaient surtout préoccupés par les disciples de Freud.

Les querelles d'école occupaient un grand nombre d'esprits et les excommunications fusaient. À l'extérieur et, quelquefois, à l'intérieur des milieux « psy », la critique sociale s'ajoutait à la contestation politique et de tonitruants orateurs assimilaient la médecine mentale à une forme insidieuse de maintien d'un ordre odieux. L'antipsychiatrie, ou plutôt les antipsychiatries aboutissaient davantage, malgré le souci social voire politique de certains de leurs tenants, à concentrer les débats sur les choix thérapeutiques et, souvent, à les y réduire. La vulgarisation du freudisme fit sortir de terre autant de spécialistes du fonctionnement mental autoproclamés que la pandémie de Covid-19 a engendré d'épidémiologistes du dimanche. La médecine mentale ne gagna pas grand-chose à devenir un sujet récurrent de dissertations de comptoir.

Après mon mémoire, il y eut, à l'intérieur du Treizième, des assauts de moins en moins feutrés contre le service de recherche. J'y prêtai involontairement la main en publiant dans *Esprit* une analyse des divers courants antipsychiatriques qui fut travestie par ses contempteurs en prise de position pour l'un d'entre eux, l'Italien Franco Basaglia, avec qui j'eus de passionnantes et chaleureuses divergences. La fatigue me gagna. Paumelle avait d'autres soucis, et d'abord que la fameuse « écoute » ne supplante pas la volonté d'agir. Quelque temps plus tard, Sylvie Faure, Anne Bodenheimer et moi quittions la rue de la

Colonie. J'étais parti le premier, mon affection admirative intacte, mes doutes sur l'appauvrissement et peut-être le dévoiement du projet originel croissant, mon regret de n'avoir pas su en prendre la part que Philippe m'avait attribuée, vivace. Un an plus tard, en apprenant que son cœur de 50 ans l'avait lâché dans cette maison espagnole où il passait ses vacances, j'ai mesuré le poids accumulé sur les épaules de ce médecin dans la cité, la lourdeur du rocher qu'il s'était attelé à déplacer, l'entièreté de son engagement et la sincérité de sa croyance en les valeurs qui l'inspiraient.

# Le communisme soluble dans l'alcool?

Pareille érection laisse sans voix. Elle ne peut être le fait que d'un seigneur à qui on se doit de complaire. Staline l'entendait ainsi lorsqu'il fit édifier au centre de Varsovie par des équipes uniquement composées d'ouvriers russes cette tour jumelle de celle de l'Université de Moscou. Jumelle ? Pas tout à fait. La Russe a neuf mètres de plus que la Polonaise. Il n'y a pas de petit symbole dans l'architecture de style impérial, celle dont son champion toutes catégories, Lev Vladimirovitch Roudnev, appliqua les critères à ce Palais de la Culture et des Sciences visible de tout Varsovie. J'ignorais tout de ce bâtiment lorsque je visitai pour la première fois la Pologne, l'année de son millénaire, pour les fêtes duquel je m'étais trouvé remplacer au pied levé un ami et voisin malade. Nous étions une vingtaine de Français tous (sauf moi qui jouais doublure) représentants d'un mouvement de jeunesse. Dans l'autobus qui nous faisait découvrir la ville, je demandai à notre guide ce qu'était cet édifice théâtral. « Ce n'est rien, me répondit-elle. C'est un cadeau de Staline. » Et d'ajouter : « Le seul homme heureux de Varsovie en est le concierge. Il habite au dernier étage et, lorsqu'il ouvre ses fenêtres, il ne voit pas le Palais de la Culture. »

Le ton du voyage était donné, pendant lequel nombre de nos interlocuteurs polonais de tous âges nous abreuvèrent de ce que l'on appelait les « anecdotes », blagues par lesquelles, faute d'une presse libre, les gens exprimaient leur sentiment à l'égard du régime. Certaines, comme celle sur le Palais de la Culture, étaient d'une insolence légère, d'autres plus effrontées : « Un communiste rencontre dans la rue son chef de cellule qui lui reproche de n'avoir pas participé à la dernière réunion. "Si j'avais su que c'était la dernière..." » D'autres encore étaient plus amères : « On annonce dans Varsovie un arrivage de viande pour le lendemain. Le soir même, des files d'attente se forment devant les boucheries. Vers 8 heures du soir, un envoyé du Parti se rend devant chacune et demande s'il y a des Juifs dans la queue. 1 % des gens lève la main. "Allez-vous-en, il n'y a pas de viande pour les Juifs." À minuit, les mêmes hiérarques reviennent et demandent s'il y a des sans-parti dans l'assistance. 90 % des présents se désignent. "Allez-vous-en, il n'y a pas de viande pour les sans-parti." Vers 3 heures, retour du camarade en chef. Vous êtes tous au Parti ? Eh bien, on vous a donné une fausse information, il n'y a pas de viande du tout. Une voix sort du petit groupe : "Ce sont toujours les Juifs qui sont favorisés." »

Je collectionnais ces « anecdotes ». Une douzaine d'années plus tard, j'en avais fait une bonne provision et, participant au groupe qui dénonçait l'usage de la psychiatrie à des fins policières en Union soviétique et qui soutenait de son mieux les dissidents, j'eus l'idée de les regrouper en un petit livre. Jacques Julliard en accepta le projet pour la collection « Points Politique » du Seuil, et je me mis au travail. Au bout de quelques semaines, je fus saisi par le doute : drôles à petites doses, ces anecdotes ne devenaient-elles pas déprimantes lorsqu'elles se présentaient en masse ? Je suspendis la rédaction.

En 1976, l'auteur du *Manuel de psychiatrie pour les dissidents*, Vladimir Boukovski, en rébellion depuis son dix-septième anniversaire et en prison pendant douze années, fut échangé contre le secrétaire général du PC chilien, Luis Corvalán. Il demanda à rencontrer à Paris ceux qui l'avaient soutenu et, lorsque l'on me présenta à lui, on lui indiqua que je préparais un recueil d'anecdotes. Je corrigeai l'information et lui dis que je n'étais pas sûr que ce recueil atteigne son but. Il me reprit avec fougue : « Faites ce livre. C'est très important ; la première chose que l'on demande à un détenu à son arrivée au camp ou à l'hôpital psychiatrique, c'est de raconter la dernière anecdote qui circule. Finissez le travail, je vous écrirai la préface. » Je finis le travail et je partis pour Londres où Boukovski s'était installé afin de recueillir la préface promise. Il avait quelque peu oublié son engagement, parut embarrassé puis me demanda : « Combien y a-t-il d'anecdotes dans votre livre ? » « Environ deux cents. » Fort de cette information, il disparut dans une pièce voisine, en revint quelques minutes plus tard et me tendit une feuille de papier. Il y avait écrit : « S'il y a environ deux cents histoires dans votre livre, sa rédaction et sa lecture représenteraient en Union soviétique environ six cents ans de camp, à raison de trois ans par histoire. »

*Le communisme est-il soluble dans l'alcool ?* fut annoncé dans le catalogue du Seuil. J'avais obtenu une couverture de Reiser. Lorsque je le remerciai, il me raconta que, parmi ses camarades de *Charlie Hebdo* et de *La Gueule ouverte*, un bon nombre lui avait déconseillé de prêter son talent à une entreprise anticommuniste. Il en riait encore, de son inoubliable rire argentin. D'autres ne se contentèrent pas de déconseiller. Un groupe d'écrivains mené par celui d'entre eux à qui le Parti socialiste avait confié les affaires culturelles somma Le Seuil de renoncer à une publication qui pouvait avoir les pires effets sur l'avenir de l'union de la gauche et sur les élections législatives à venir. Le Seuil aurait plié si Jacques Julliard n'avait pas annoncé qu'une telle capitulation entraînerait sa démission immédiate. La publication fut donc maintenue, mais, afin de donner satisfaction aux défenseurs de l'union de la gauche, le directeur commercial fut chargé de saboter la sortie du livre. Il en fit faire le plus petit tirage possible : 1 500 exemplaires. Ils partirent dans la semaine. On en tira 500 autres, alors que la demande des libraires portait sur plusieurs milliers. Il fallut que deux représentants de commerce en contact avec ces libraires fassent un scandale dans le bureau de leur directeur et menacent de rendre ce sabotage public pour que les tirages rejoignent la demande.

En 1978, la gauche, de plus en plus mal unie, perdit les élections législatives.

Je plaide non coupable.

# Rocard, sinon rien

## (Lettre à Michel)

Mon cher Georges,

puisque c'est affublé de ce prénom et caché sous le patronyme de « Servet », choisi en mémoire d'une victime de l'intolérance de Calvin, que je t'ai rencontré pour la première fois, au mitan des années 1960, alors que tu te préparais à représenter le PSU aux élections législatives dans une circonscription des Yvelines. Tes chances d'y être élu étaient aussi grandes que celles du charcutier de Mur-de-Barrez (Aveyron) de vendre son jambon à l'ayatollah Khomeiny. Tu tenais néanmoins une première réunion à la mairie de Louveciennes, et l'instituteur, M. Even, auréolé d'un respect que lui valait son acharnement à conduire le dernier des aliborons au certificat d'études, voire à l'entrée en sixième, avait fait dire à ses anciens qu'ils ne devaient pas la manquer. Pour renforcer sa recommandation, il ajoutait que tu étais le fils spirituel de Pierre Mendès France. Dans un pays où depuis quelques années tout le monde célèbre PMF et verse sur sa trop brève carrière des larmes de crocodile, on a sans doute du mal à imaginer à quel point cet homme tranchait sur ses camarades de gauche et sur la classe politique. Le procès de Riom, son évasion, son engagement dans la RAF, son refus des bombardements aveugles sur l'Allemagne, son courage au combat, son choix de la rigueur économique à la Libération, sa politique en Indochine, la détestation que lui vouaient les staliniens, l'incroyable quantité d'imbéciles braillards que son nom seul portait à l'apoplexie, le tout pimenté des relents d'un antisémitisme que rien ne pouvait ahonter, tout cela aurait suffi aux yeux des adolescents que nous étions à faire de lui un saint de vitrail, quoique nous lui gardions rancune de nous avoir obligés, à l'école primaire, à avaler un verre de lait quotidien. À quoi ressemblerait, me demandais-je, le fils spirituel d'un tel personnage ?

Il ressemblait à un petit homme électrique, mince comme un sandwich SNCF, le cheveu noir et dru, le regard en vrille, l'élocution précipitée de celui qui craint d'ennuyer son auditoire, le corps agité des mouvements d'un incurable timide pareil à ceux que chante Jacques Brel, « une valise dans chaque main ». Georges Servet, obligé à un pseudonyme en raison de ses fonctions de secrétaire général de la Commission des comptes de la nation, comptait quatorze ans chez les scouts protestants. Avec eux, tu avais accueilli les déportés au retour des camps à l'hôtel Lutetia. Chez eux, tu avais pour totem « Hamster érudit ». Ton camarade de Sciences Po Jacques Chirac était connu sous le nom de « Bison égocentrique » et tes coreligionnaires Lionel Jospin et Pierre Joxe répondaient à ceux de « Langue agile » et de « Lynx énergique ». Au temple de la rue Madame, où tu étais alors assidu, le pasteur André Aeschimann enseignait la nécessité de « professer pour la multitude », c'est-à-dire pour le plus grand nombre, pour le commun des hommes.

Je n'ai pas de mal à retrouver les traces de l'expérience du Lutetia dans ton engagement courageux et efficace en Algérie contre les camps de regroupement où les enfants mangeaient des corbeaux. Je n'ai pas de mal à retrouver les traces de l'enseignement du pasteur Aeschimann dans ta façon de nous présenter la politique, dans cette salle de mairie où nous n'étions pas quinze. Tu ne parlais pas de cuisine électorale ou de trucs de communication pour séduire les électeurs. Tu parlais du jacobinisme, de la méfiance de l'État à l'égard de la société civile, de la nocivité des réformes technocratiques ou autoritaires conçues et appliquées sans le concours des citoyens, de politique étrangère. Tu évoquas la réforme de l'Université, la question des transports publics, l'aménagement du territoire. Lorsque tu te lançais dans un historique, l'influence des hommes ne comptait pas moins que le poids des structures. Lorsque tu entamais le chapitre des mutations industrielles, l'ouvrier n'était pas présenté comme une tête de bétail vampirisé par des capitalistes à huit-reflets, mais comme un homme empêché d'être l'acteur de son travail.

Je te dois cette vision de la politique et cette idée de la gauche à un moment où elle se résumait à des hommes qui « cuisaient leur petite soupe dans leurs petits pots », pour reprendre l'expression du général de Gaulle, dont j'étais un admirateur, mais dont le mode d'exercice du pouvoir semblait ne pas laisser d'autre alternative que d'être gouverné ou réprouvé.

La première des deux circonscriptions des Yvelines que tu as représentées, celle de Marly-le-Roi, était le fruit d'un découpage d'anthologie. Des virtuoses du charcutage en avaient fait l'une des plus étendues d'Île-de-France, équilibrant les banlieues ouvrières (et communistes) par de gros villages ruraux (et conservateurs), associés à des bourgs résidentiels (et légitimistes). Je m'engageai à fond dans ta première campagne, celle de 1967, dans une équipe menée par un couple, Daniel et Martine Frachon, riche d'un réseau de militants socialistes que la SFIO avait dégoûtés. Le député sortant, Pierre Clostermann, as de la RAF et Compagnon de la Libération, se souciait de toi comme d'une guigne et il n'y eut que les communistes pour nous mener la vie dure, comme j'en fis l'expérience en collant tes affiches à Trappes, pour le malheur de mes côtes et de mon cuir chevelu. Un an plus tard, le Général ayant dissous l'Assemblée nationale, nous retournâmes au charbon, avec un résultat inférieur à celui de 1967, 12 % au lieu de 16 %. Le départ de de Gaulle nous lança dans une troisième campagne en trois ans, mais cette fois pour conquérir l'Élysée. Notre enthousiasme était inversement proportionnel à tes perspectives de remporter la victoire, car, pour nous, cette élection était une chance de porter à la connaissance de tout le pays l'alternative que tu représentais à gauche. Cet enthousiasme était nourri par les meetings où tu te comportais comme je t'avais vu le faire à Louveciennes et par les entretiens télévisés que tu donnais, notamment à Édouard Guibert, l'un des journalistes leaders de la grève de l'ORTF en 1968, meetings au cours desquels tu fis mentir la réputation de technocrate de tes semblables et montras ton intérêt pour le concret des choses en t'entourant d'élus et de syndicalistes de terrain, à qui ta campagne télévisée réserva une belle part. À peine les feux de la présidentielle éteints, Pierre Clostermann, gaulliste élégant, jugea de son devoir de laisser sa place au dernier Premier ministre du Général. Sur Maurice Couve de Murville, on prête à de Gaulle d'avoir dit : « S'il s'assied sur la glace, la glace ne fond pas. » De fait, il mena sa campagne électorale aux législatives sans jamais se départir d'un comportement si altier qu'à côté de lui, Édouard Balladur aurait passé pour un punk à chien. Une nouvelle fois la bagarre la plus dure fut menée pour ravir la place de tête de la gauche au Parti communiste. Ce fut chose faite avec 0,47 % de mieux et tu fus élu avec près de 54 % des suffrages.

Pendant toutes ces semaines, ta future deuxième épouse, Michèle Legendre, fut de tous les avant-postes. Votre union fut tumultueuse et, si tu avais une large vision de la politique, Michèle comprenait plus vite et mieux que personne quels obstacles il fallait franchir pour la mettre en œuvre au jour le jour. Son peu de diplomatie et son verbe dru lui valurent de fortes inimitiés dans ton entourage, et sa propension à t'engueuler finit par avoir raison d'un mariage auquel tu n'avais pas mesuré les coups de canif. J'avoue avoir aimé tous ses défauts, même quand j'en observais les effets maladroits, et elle me rendait mon affection. Lorsque tu décidas de votre séparation, tu vins déjeuner à la maison pour me demander de veiller sur elle. J'espère l'avoir fait, si difficile que cela ait pu s'avérer.

Au cours de notre demi-siècle d'amitié, visiteur du soir ou du dimanche je n'ai joué auprès de toi aucun autre rôle que celui dicté par l'affection. Je voyais tant de gens – et singulièrement quand tu fus Premier ministre – empressés à t'expliquer ce que tu devrais faire, à te désigner un nouveau sujet qui exigeait ton activité, à te conseiller sur les moyens de t'y appliquer... Il me paraissait bouffon de me mêler à leur cohorte. Pendant tes années à Matignon, je m'employais plutôt à te proposer quelques diversions et des moments de détente. Je le fis avec des amis musiciens, le Trio Wanderer, le pianiste Emmanuel Strosser ou l'altiste Gérard Caussé. Plus qu'à leur programme, tu fus sensible à leur admiration et à l'occasion qu'ils te procuraient de réunir quelques amis pour le seul plaisir de la chose. Je connaissais (et j'en usais) ton goût pour la chanson et le cahier aux 450 titres que tu avais, jadis, méthodiquement colligés, mais, sans me vanter, il fallait beaucoup d'énergie pour te détendre. Du hamster, tu avais presque toujours l'air inquiet et le museau frémissant d'on ne sait quelle recherche ou quelle alarme. Un jour, ton cabinet m'appela. Étais-je libre pour accompagner le Premier ministre à Conflans-Sainte-Honorine, dont tu étais toujours maire ? En me rendant rue de Varenne, je me perdais en conjectures sur la raison de cette invitation. Dans la voiture, tu m'appris que ton équipe municipale avait jugé indispensable que tu assistes au spectacle que Smaïn donnait au théâtre Simone-Signoret, orgueil de ta mandature à peine sorti de terre. À moi de te dire tout ce que tu devais savoir sur Smaïn. Je pensais le situer en évoquant sa collaboration avec les Inconnus. Mais, inconnus, ils l'étaient pour toi. Alors, peut-être, le premier danseur de claquettes en charentaises ? Chou blanc. Son sketch sur le premier beur président de la République ? « Je serai le gardien de vos institutions, mais ne vous inquiétez pas, je vous laisserai le double des clefs… » Pas mieux. À une époque sans internet et donc sans YouTube, comment faire ? J'avais entendu avec plaisir certains numéros du premier comique beur, mais pas au point d'en être devenu un fan et nous arrivâmes au théâtre sans que j'aie pu accomplir ma mission, aucune référence aux performances de Smaïn n'ayant déclenché chez toi la plus infime réaction. Pendant le spectacle, je te sentis tendu ; tu riais souvent à contretemps. Cela ne t'empêcha pas de le féliciter avec ardeur une fois le rideau tombé. Vingt ans plus tard, je me trouvais dans les coulisses du spectacle d'un groupe de chanteurs. Smaïn était présent. Alors que je m'apprêtais à le saluer, il vint vers moi : « C'est vous qui étiez à Conflans avec Rocard ? Vous étiez tous les deux au premier rang et chaque fois que je le regardais, je voyais qu'il vous jetait un œil en coin comme pour accorder ses réactions aux vôtres… J'ai failli en faire un sketch. »

Le week-end qui suivit ton limogeage, nous le passâmes chez Françoise et Tony Dreyfus, tes amis de toujours et par tous les temps, dans cette propriété de bord de Seine, près de Fontainebleau, où nous nous étions si souvent retrouvés. Rien dans ton attitude ne laissait voir colère, déception ou amertume, mais nous nous doutions tous que tu enfouissais ces sentiments et quelques autres, et nous conspirâmes à te procurer des occupations qui t'en distraient peu ou prou. Je te proposais une partie de scrabble. C'est un jeu où tu as toujours été de première force, ce qui n'est pas du tout mon cas. Je te battis trois parties de suite. C'était avouer malgré toi à quel point tu avais la tête ailleurs. Le dimanche, Édith Cresson était l'invitée de *7 sur 7*. Pour t'épargner le spectacle de celle qui te succédait après t'avoir continûment savonné la planche, nous avions prévu une promenade en forêt. Tu te récrias. Pas question d'attendre Dieu sait quel compte rendu de la presse pour savoir ce qu'elle avait en tête. Celle qui devait devenir la plus éphémère locataire de Matignon rendit hommage à tant de tes actions, saluant notamment l'invention de la CSG, le Livre blanc sur les retraites ou la résolution du conflit néocalédonien, qu'on se serait demandé pourquoi il avait fallu te remplacer si ta successeure n'avait pris soin d'insinuer en contrepoint de chacun de ses compliments que, si tes idées étaient bonnes, tu manquais de ce qu'il fallait pour les transformer en actions. Tu suivis son entretien sans un mot, sauf pour corriger un chiffre à propos du budget de la Sécurité sociale.

Quelques années après ton abandon de la politique active, tu me suggéras de te faire rencontrer Charles

Aznavour. Il se montra enchanté, ne tarissant pas d'éloges sur toi. Rendez-vous fut pris pour un déjeuner chez moi. Charles arrivait de sa maison de campagne des Alpilles. Son train accusa en retard d'une grosse demi-heure. Tu avais un rendez-vous au début de l'après-midi et ce contretemps t'agaça. Pour ne rien arranger, l'un des chiens de Sylvie, ton épouse, avait mangé les appareils auditifs dont tu avais le plus grand besoin. Charles était aussi sourd que toi. Arrivé chez moi, il s'aperçut qu'il avait oublié ses prothèses. Le déjeuner ressembla à un dialogue entre les deux vieux du *Muppet Show* dont j'aurais été le truchement : « Le monsieur te dit… » « Le monsieur te répond… » Charles était intimidé et embarrassé par sa gaucherie auditive. Tu ne l'étais pas moins. J'étais catastrophé par la tournure que prenait cette rencontre, ou plutôt par celle qu'elle ne prenait pas. Finalement, tu te lanças dans un discours sur les résidences secondaires, leurs avantages et leurs inconvénients, et le déjeuner tourna court. Je n'en reparlai jamais ni avec toi ni avec Charles.

Quant aux résidences secondaires, celle que tu avais achetée dans l'Aveyron n'était que silence et beauté. Tu me la prêtas pendant quelques années, avant de me la vendre lorsque Sylvie souhaita se rapprocher de son vieux père, dans le Maine-et-Loire. Ce nid de buse est mon havre. Un jour, un élu local m'a présenté sans plus de précision comme « le successeur de Michel Rocard ». Dans son équivoque, l'expression me fit rire. S'il avait été plus complètement informé, l'élu aurait plutôt parlé du débiteur de Michel Rocard.

# Un maverick

À la fin des années 1960, la moto semblait un moyen de transport voué à disparaître. Dans le prolétariat, elle avait connu des heures de gloire, mais la voiture l'avait détrônée et même dévalorisée. Quiconque roulait sur deux-roues avouait implicitement qu'il était trop fauché pour payer les traites d'une automobile. Et puis la moto, ça faisait mauvais mari et mauvais père. Même en sport, elle avait petite mine : des compétitions confidentielles, chichement dotées, rarement couvertes par la presse… La voiture, en revanche…

Des motards, en plus de ceux de la police et de la gendarmerie, il en restait une poignée. La majorité utilisait l'engin comme instrument de travail : livreurs, coursiers, motards de presse. De petites corporations à recrutement par cooptation, conscientes et fières de leur particularisme, avec leurs bécanes, leurs restaurants, leurs histoires. Les bagnoles et leurs conducteurs formaient un troupeau. Les motards se voyaient comme ceux que les Américains appellent des *mavericks*, mot qui désigne aussi bien un animal non marqué qu'un non-conformiste ou... un politicien indépendant. Rouler à moto quand rien ne vous y obligeait, c'était une question d'indépendance. On l'affirmait, on en jouissait, on en tirait une vanité rarement secrète que nourrissait le regard un peu réprobateur et un peu envieux de la plupart. Cela donnait aussi une réputation de casse-cou, de trompe-la-mort. Tous les avantages de la voiture de sport en beaucoup mieux, puisqu'il ne fallait pas d'argent pour être motard. C'était même une façon de dire qu'on avait la bourse plate et qu'on en était fier.

Ajoutez à cela une vraie confraternité. Tout y concourrait : le petit nombre, le sentiment de ne pas être n'importe qui, le peu de garages et de mécaniciens, les complications toujours menaçantes de la panne en rase campagne ou de l'irrémédiable glissade sur une plaque d'huile, d'un bus ou d'une voiture. Un grand ou un moyen blessé parmi les connaissances, quelquefois un mort. L'usage voulait que deux motards se croisant s'envoient un appel de phare pour se saluer quand bien même ils ne s'étaient jamais aperçus. Et le pilote rencontrant un autre pilote devant une pompe à essence n'échappait pas au rituel du tutoiement et de la conversation sur le temps, sur l'étape, sur les vertus de l'engin. D'un côté, les routards, qui roulaient BMW. Des engins sûrs, stables, dotés du célèbre *flat-twin*, les cylindres de part et d'autre de la moto, protégés par un tube chromé. De l'autre, les sportifs, qui roulaient Triumph, Ducati ou

Norton. Des Anglaises et une Italienne, nerveuses, capricieuses, fragiles, mais qui dépotaient au démarrage et vous donnaient de belles sensations dans les virages. Entre les uns et les autres, une perpétuelle querelle, mise en scène et jouée de manière à renforcer la confraternité et à lui donner du piment. C'était avant les Japonaises.

Jean-Marie Domenach était motard. Quand je l'ai connu, il conduisait avec beaucoup de sûreté, de culot et de bonheur une BMW 500 cm$^3$ dotée d'un fort tablier de cuir, pour la pluie, et que la légende faisait remonter à une origine antédiluvienne. Quand j'ai appris sa mort, je l'ai revu dans la cour du 19, rue Jacob, arrêtant sa moto et la calant sur son support, avec l'air heureux que procure un parcours à la fois plaisant et irréprochable. Puis je me suis souvenu du jour où il m'annonça que ses ennuis au genou l'obligeaient à renoncer à son engin et que, si je le voulais, je pouvais l'avoir. À l'époque, il roulait sur une 750 cm$^3$, presque neuve, que je conserverai quinze ans, jusqu'à ce qu'un taxi la prenne pour cible, un après-midi pluvieux.

Si c'est cette image de Jean-Marie qui remonte la première, c'est que j'y trouve concentrée ce qu'il avait d'indépendance, de curiosité, de générosité, de goût pour les moments heureux et de plaisir à les partager. Il aimait beaucoup chanter et il puisait dans deux répertoires : celui des chansons de la Commune et celui des refrains parodiques qui fleurissaient au début du siècle. Son morceau de bravoure était « Le Métingue du Métropolitain », un « petit format » écrit par Mac-Nab pour se moquer des cantiques entonnés par les rouges et que les rouges, ou du moins certains d'entre eux, ne craignant pas de se moquer d'eux-mêmes, avaient repris comme s'il était sorti de leurs rangs. Rouler moto et connaître ce répertoire : deux passeports pour entrer dans son amitié.

Je n'ai montré ni l'un ni l'autre lorsque je me suis présenté à lui pour la première fois. J'avais 21 ans. L'année précédente, en 1968, étudiant en sociologie à Nanterre, après avoir « fait » le mois de mai et en être sorti comme dans les vers d'Aragon (« Tout changeait de pôle et d'épaule / La pièce était-elle, ou non, drôle ? / Moi si j'y tenais mal mon rôle / C'était de n'y comprendre rien »), j'avais profité de la création d'un Office franco-québécois pour la jeunesse (OFQJ) pour prendre la tangente à Montréal et aller respirer un autre air. En trois mois, j'avais découvert une société extraordinairement vivace, possédée par le désir de briser son armure et fourmillant d'écrivains, de poètes, de cinéastes, de chanteurs, d'hommes de théâtre, de syndicalistes, de politiciens attelés, chacun à sa manière, à la formidable besogne d'un dégel qui n'épargnait rien. La section québécoise de l'OFQJ y prenait toute sa part et contribuait avec une joyeuse détermination à ouvrir les portes du monde à des jeunes de tous les milieux. Rentré à Paris, je crus que la section française pourrait se mettre au diapason, mais elle était dirigée par un sous-préfet dont l'ardeur se limitait à écrire à tous les maires importants membres du parti gaulliste pour leur proposer des voyages pas chers pour leurs jeunes concitoyens.

Je m'opposais à lui si diamétralement que la nécessité de trouver des alliés me fit examiner la liste des membres du conseil d'administration de l'Office. Jean-Marie Domenach y figurait. J'avais lu, à mon retour du Québec, tout ce que sa revue, l'une des rares à s'intéresser à ces «quelques arpents de neige», avait publié sur le Canada, souvent sous la signature de J.-M. D., et le beau livre de Gérard Bergeron *Le Canada français après deux siècles de patience.* Tout cela, et ce que je savais du rôle de Jean-Marie dans la Résistance et pendant la guerre d'Algérie, me fit penser qu'il était le tuteur dont mon opposition avait besoin. Cependant, c'est sans y croire que je lui demandai rendez-vous: même à propos du Québec, pourquoi le directeur d'*Esprit* recevrait-il un pied-tendre?

Parce qu'il avait de la curiosité pour les gens, de la persévérance dans ses convictions comme dans ses centres d'intérêt et peu de complaisance pour les hiérarchies creuses, celles qu'établissent les fonctions ou les âges. Deux semaines après mon coup de téléphone, je garais ma moto (une BMW hors d'âge) à côté d'une 500 $cm^3$ que je ne savais pas être la sienne, je pénétrais dans le boyau utérin qui conduisait, rue Jacob, à la porte laquée de noir derrière laquelle, entre deux murailles d'exemplaires de la revue *Esprit*, un couloir à angle droit menait au minuscule secrétariat, puis à son bureau-salle de réunion dont la fenêtre donnait sur un improbable jardin.

Il m'écouta avec attention, me questionna avec sévérité, cherchant à s'assurer que je n'étais ni un turlupin ni un trublion, puis il m'indiqua qu'il me rappellerait après s'être renseigné. Je sortis avec l'impression d'avoir raté un examen et j'en voulus à l'examinateur. Quinze jours plus tard, la secrétaire de la revue, Anne-Marie Janin, douce et économe de paroles, me proposa un nouveau rendez-vous. L'accueil fut avunculaire. Domenach avait vérifié mes dires. Je n'étais pas un « farceur » (il affectionnait ce mot et le prononçait souvent dans un gros rire bienveillant, mais qui était aussi un refus définitif d'adopter le point de vue qu'on lui suggérait). Nous mîmes au point une stratégie de lutte contre le sous-préfet qui coûta à Jean-Marie des heures qu'il aurait pu employer à mille autres choses.

Nous échouâmes. Cela créa entre nous plus de sympathie, sans doute, qu'une victoire. En tout cas, cela me valut l'offre de participer aux réunions du journal à plusieurs voix qu'animait chaque lundi Casamayor, un des rares magistrats à avoir fait montre d'indépendance, avec une belle liberté de ton et d'esprit. C'est là que je pense avoir appris à écrire. « Casa » me fit refaire huit fois mon premier papier. Personne ne savait comme lui vous rendre votre copie en vous convainquant qu'elle était formidable, mais que pour être à la hauteur de votre talent, elle devait être un peu reprise. Surtout la fin, qu'il fallait entièrement revoir. Le début, lui, était parfait à condition de le remanier de fond en comble. Quant au milieu : une réussite. Peut-être seulement en le repensant du tout au tout...

Au Québec, j'avais observé d'abord avec enthousiasme, puis avec scepticisme, enfin avec crainte le développement d'un travail social puisant dans les sciences humaines un langage, des références et des techniques qui lui donnaient de plus en plus d'assurance, de pouvoir, d'arrogance. Jean-Marie Domenach et Paul Thibaud me firent raconter ces observations, lurent ce que j'en avais rédigé et m'offrirent de prendre la direction d'un numéro spécial d'*Esprit* consacré au travail social. J'avais 22 ans. Le numéro sortit deux ans plus tard. À combien de garçons ou de filles qui ont 22 ans aujourd'hui ouvre-t-on si grand une telle porte ? Et sans demander ni allégeance ni certificat d'origine…

Pendant que nous fabriquions ce numéro spécial, Jean-Marie créait avec Pierre Vidal-Naquet et Michel Foucault le Groupe d'information sur les prisons (GIP). Pour un homme que la politique laissait sur sa faim de réformes et qui avait vécu Mai 68 comme une fracture l'éloignant des générations qui suivaient la sienne, le GIP fut une période de grâce. La cause était incontestable : obtenir que le droit et le respect ne soient pas retenus à la porte des prisons. Elle renouait avec un mouvement lancé à la Libération par ceux qui, ayant connu les geôles en raison de leur action dans la Résistance, avaient été indignés par le traitement infligé aux « droits communs ». Elle était défendue par un mélange d'anciens détenus, de travailleurs sociaux, d'avocats, de juges, de religieux, d'intellectuels, d'humanistes de tout poil et de maoïstes du troisième type, dont la rencontre mettait cul par-dessus tête les barrières ordinaires. Il me semble que Domenach n'aimait rien tant que ces moments où l'appartenance à une même cause provoquait des télescopages d'individus, d'opinions, de croyances. Je l'entends encore citer mille fois pour une, avec le ton un peu appuyé dont il accompagnait ses citations, cette phrase de Péguy : « L'homme spirituel ne se sépare pas. » Le GIP fut l'une des occasions qu'il créa pour donner chair à cette maxime.

Pendant la première moitié des années 1970, il ne cessa de s'interroger sur la direction et la manière que devait prendre une sorte de refondation d'*Esprit*. Il mêlait dans cet effort, quelquefois de façon brouillonne, des décisions solitaires, voire autoritaires, et des consultations, des débats, des confrontations où se retrouvait et s'exprimait la diversité des camarades de la revue. (Jean-Marie était inconsolable que les communistes aient monopolisé le mot « camarade ».) De cette agitation intellectuelle et humaine, il sortit mille idées dont aucune n'aboutit vraiment. Je ne sais si c'est en le constatant qu'il décida de se retirer. Il prétendait avoir choisi depuis toujours de ne pas exercer ses fonctions au-delà de la cinquantaine. Combien des siens ont-ils mesuré, lorsqu'il partit, la volonté nécessaire à une décision si rare ? Et lui, avait-il l'intuition de ce qu'il perdait en quittant une ethnie aussi bigarrée – et qu'il avait entretenue telle –, un bouillon de culture où fermentaient tant de personnalités et d'opinions diverses ?

Bien avant les déchaînements des réseaux sociaux, Jean-Marie fut progressivement mis au ban du débat public. D'abord lorsqu'il apporta son soutien au livre qu'un journaliste du *Monde*, Michel Legris, publia contre son journal dont la dérive, après l'avoir inquiété, lui était devenu insupportable. Dans *Z*, le film de Costa-Gavras, l'un des avocats, incarné par Charles Denner, déclare : « Il faut toujours s'en prendre aux Américains, si tu ne sais pas pourquoi, eux le savent. » C'était – c'est encore –, à gros traits, l'idéologie de la partie de la gauche qui se méfie davantage des États-Unis que des régimes de Moscou ou de Pékin. Le « quotidien de référence » est tombé dans le piège et, tandis que l'un de ses correspondants multiplie les articles enthousiastes sur la Révolution culturelle, laissant ses lecteurs dans l'ignorance du vandalisme, de l'arbitraire, des persécutions et des assassinats, un autre s'enflamme pour les Khmers rouges, et convainc sa direction qu'« une société nouvelle est assurément en gestation dans le royaume révolutionnaire ». Elle se soldera par l'élimination de 1 700 000 Cambodgiens que Noam Chomsky, intellectuel à la pointe de la lutte contre Nixon, qualifiera de « génocide éclairé ». Sans doute cet aveuglement volontaire est-il le déclencheur de la rupture de Michel Legris avec son journal, mais son livre élargit ce propos et s'emploie à débusquer dans maintes rubriques ce qui relève au *Monde* de la soumission à l'idéologie, c'est-à-dire au reniement du journalisme. Chez les intellectuels, les plus soucieux de ne pas se fâcher avec un média de cette importance volent au secours du *Monde* avec un empressement souvent inversement proportionnel au soin qu'ils auraient dû mettre à prendre connaissance du livre de Legris. Ceux, nombreux dans mon souvenir, qui en reconnaissent le bien-fondé voire qui s'en réjouissent se gardent de le laisser paraître. Mais bien peu se risquent à exprimer cette approbation, et moins encore à venir en défense du journaliste, sur qui son journal jette l'opprobre et s'emploie à répandre diverses insinuations destinées à éviter le débat.

Jean-Marie Domenach est lié au fondateur du quotidien, Hubert Beuve-Méry, et à une partie de son équipe fondatrice depuis les années de résistance. Son attachement à l'idée de la presse arrivée avec eux à la Libération prend parfois des formes si exagérées que, pour se moquer de lui, les collaborateurs de la revue racontent qu'il croit que *Le Monde* est le supplément quotidien d'*Esprit*. Avec la fougue qui est dans son caractère et que gonfle sans doute le regret de ne pas avoir voulu voir et su dire ce que Legris a vu et dit, il monte au créneau et conclut son commentaire favorable du livre excommunié en affirmant que la probité exige que le débat remplace l'anathème et les postures de vertu outragée. Quand bien même *Le Monde* finit par dénoncer la cruauté du régime de Pol Pot, quand bien même, comme l'écrit l'une de ses journalistes, Raphaëlle Bacqué, « le quotidien finit par reconnaître, d'une simple phrase au détour d'un éditorial dénonçant la cruauté des Khmers rouges, "l'aveuglement dont *Le Monde* ne fut pas exempt" », cette contrition ne fut publiée qu'en 2005. Jean-Marie était mort depuis huit ans, renvoyé par ceux qu'il avait sommés d'être fidèles à eux-mêmes dans les ténèbres extérieures de la réaction.

Il avait toujours eu des réflexes conservateurs dans certains domaines. Il y avait chez lui quelque chose que j'appelais son « côté lyonnais » et qui s'effarouchait ou se cabrait facilement notamment, dans le domaine des mœurs. Chacun pouvait à ce propos citer un exemple pittoresque et qui faisait rire. Soudain, il fut réduit à cet aspect de sa personnalité et il se trouva disqualifié sans discussion ni appel. Comme cela arrive souvent, puisqu'on l'éloignait, il s'éloigna. Il n'en continua pas moins à démasquer la prégnance du pas pris par l'idéologie sur l'information et sur l'esprit critique. Il le fit avec un peu de don-quichottisme, titrant le livre qu'il publia en 1984 *Lettre à mes ennemis de classe*. C'était aller chercher le bâton. Il le reçut.

C'est pourtant l'un des livres à être allé le plus loin, le plus juste (et surtout le plus tôt) dans l'analyse du mitterrandisme comme une trahison de la gauche et des partisans de Mitterrand comme des cocus heureux de l'être pour peu qu'on les intéressât à leur cocuage comme on intéressait Topaze au remplacement des bennes à ordures. Cette lettre-là fut la dernière étape sur le chemin de l'exil.

Le hasard me conduisit, au début des années 1990, dans un compartiment de train où Nicole et lui étaient déjà installés. Nous n'avions pas perdu contact, mais nous n'avions plus, depuis longtemps, passé autant d'heures ensemble. Je fus heureux d'y trouver l'occasion de lui dire ce que la lecture tardive de sa *Lettre à mes ennemis de classe* avait eu pour moi d'importance. Je fus heureux aussi de nous voir nous réinstaller d'emblée dans cette joyeuse, disputante et chantante camaraderie du temps des motos, du Québec, des prisons.

# Des juges, des militaires et des archevêques

Ces années-là, dans la jeunesse, l'armée avait la palme de la détestation et, de Brassens à Brel en passant par Vian, elle en prenait pour son grade. Elle ne le devait pas tant aux guerres coloniales – aux « opérations extérieures » – qu'aux récits colportés par les appelés, intarissables sur la sottise des adjudants, le sadisme des sergents et le « j'veux pas l'savoir, m'ferez huit dont quatre » qui servait de musique de fond à la vie sous les drapeaux. En permission ou rendus à la vie civile, les troufions se répandaient en moqueries vengeresses sur leurs tyranneaux. Le service militaire, on en riait beaucoup, mais après.

La justice, elle, ne soulevait pas la colère, ses tribunaux et ses juges n'étaient qu'exceptionnellement voués aux gémonies dans des chansons, et on ne riait même plus à leurs dépens. Toutefois, de toutes les institutions, elle était la plus méprisée. Il y avait de quoi. Le 2 septembre 1941, après que leur corporation avait accepté que les juifs en soient révoqués, un seul magistrat, Paul Didier, avait refusé de prêter serment à Pétain. Il fut démis sur-le-champ, puis interné. Même s'il est vrai que quelques rares membres du corps, après s'être concertés, avaient accepté de prononcer les paroles infamantes afin d'entrer à couvert dans la Résistance, la magistrature était flétrie par les sections spéciales, notamment celle de Paris, immortalisée par un film de Costa-Gavras, dont les juges ne craignaient ni de prononcer des condamnations sans en énoncer les motifs, ni l'absence de recours, ni l'absence de pourvoi, ni même l'application rétroactive des lois. Ils prononcèrent quarante-cinq condamnations à mort, dont plusieurs contre des hommes déjà jugés pour de simples délits transformés « sur le comptoir » en crimes. Que ce soit le procureur général Mornet, qui prononça, à la Libération, les réquisitions contre Pétain et Laval, après avoir été, à sa demande, vice-président de la commission pour la « révision des naturalisations », chargée de priver les juifs de la nationalité française, et après avoir participé à l'élaboration de leur statut, que ce soit la Cour présidée par Paul Mongibeaux, naguère prestataire du serment au chef de l'État français, qui jugea le Maréchal et son président du Conseil, tout cela ne pouvait donner des juges que l'image d'opportunistes sans honneur ni boussole.

Plus fraîche dans les mémoires, les complaisances mises par la justice à étouffer la recherche des responsabilités dans l'enlèvement à Paris de l'opposant marocain Mehdi Ben Barka au mitan des années 1960 avaient soulevé l'indignation de la presse de tous horizons et valurent aux magistrats qui jugèrent quelques-uns des policiers véreux et des truands chevronnés impliqués dans ce crime des florilèges de brocards et les pointes les plus sèches des dessinateurs du *Canard enchaîné*. À l'inverse, le conseiller à la cour d'appel Serge Fuster, écrivain et collaborateur d'*Esprit* sous le pseudonyme de « Casamayor », avait été suspendu de ses fonctions pour avoir publié dans *Le Monde* un article critiquant l'étrange non-lieu prononcé dans l'une des instructions liées à « l'affaire ». Le comportement solitaire du conseiller Fuster réveillait le souvenir du juge Didier, tandis que la phrase la plus souvent prononcée par le président de la cour d'assises était « la question ne sera pas posée ».

Il est nécessaire de se souvenir de ce contexte pour apprécier la « divine surprise » que fut, en 1968, la transformation, menée par des anciens du Centre d'études judiciaires, récente école créée pour être l'ENA des juges, de l'Association des auditeurs de justice (AAJ) en Syndicat de la magistrature. On commettrait un anachronisme si l'on attribuait aux premiers pas du SM le corps de doctrine et l'engagement politique de leurs successeurs actuels. Non qu'il n'y ait eu, sans les rangs de l'organisation naissante, des magistrats membres ou proches d'un parti, mais l'ensemble relevait plutôt d'un mélange où entraient insatisfactions matérielles, mécontentements de la hiérarchie, aspiration à l'indépendance, dégoût d'une justice trop souvent à deux vitesses, détermination à prendre en compte les délits économiques et financiers, volonté d'assurer les libertés individuelles, ambition d'exercer un contrôle sur la police.

S'appliquant à caractériser la philosophie et les utopies de ces premières années du syndicat, deux membres de la première heure parlèrent d'une « pensée judéo-christiano-marxiste », aimable façon de souligner que l'inspiration la plus répandue chez les militants de cette organisation improbable pouvait se résumer en ces mots : « Ça suffit ! » Pour avoir participé à plusieurs de leurs congrès et de leurs sessions de formation, je me souviens davantage d'un épatant idéalisme assez scout mâtiné d'un corporatisme parfaitement justifié que d'une pensée politiquement structurée. Quant à l'improbabilité du SM, elle lui valut un formidable succès de sympathie, de curiosité et d'encouragement, à la mesure de l'affolement qui gagna les cercles du pouvoir et du patronat lorsqu'une juge d'instruction syndiquée en fonction à Dinan mit en examen un puissant éleveur de porcs dont les élevages ne respectaient aucun texte, mais que protégeait depuis toujours sa proximité avec l'homme fort du département, l'ancien président du Conseil René Pleven.

Les deux premiers présidents du syndicat, si l'on excepte celui qui assura la transition entre l'AAJ et le SM, Dominique Charvet, venaient d'un catholicisme actif. S'il s'était peu à peu éloigné de l'Église, le Nivernais Louis Joinet avait un frère prêtre et deux sœurs religieuses. Il n'est pas difficile d'établir un rapport entre cette origine et le premier métier de Louis : éducateur de rue, à Paris, dans le quartier des Halles, ni de ne pas s'étonner que son épouse Germaine, gynécologue venue du même milieu et ayant pris avec lui les mêmes distances ait, tout au long de sa vie, mené un travail d'assistance et de mobilisation vis-à-vis des femmes, des pauvres et des exilés. Catholique lui aussi, mais demeuré dans le giron de l'Église, son successeur, le Bourbonnais François-Victor Colcombet, incarnait, aussi bien que son épouse Mondane Chassaing, future grande magistrate aux affaires familiales, la vieille aristocratie terrienne. Une aristocratie qui n'avait pas besoin de particule pour être sûre de ses valeurs et donc pour ne pas oublier ses devoirs. « Noblesse oblige » est l'expression qui s'impose à moi quand j'évoque François et Mondane. Pour la traduire en anglais, l'*Oxford English Dictionary* écrit «*privilege entails responsibility*» : les privilèges entraînent des responsabilités.

Les Colcombet avaient tété ce lait-là à la mamelle. On sait que *Noblesse oblige* fut le titre français d'un chef-d'œuvre cinématographique de l'humour britannique signé Robert Hamer dans lequel Alec Guinness ne tient pas moins de neuf rôles, sous différents déguisements qui le firent incarner aussi bien un amiral obtus qu'une lady excentrique. Le goût si britannique de la litote faisait de François un descendant des moralistes qui tranchait avec certains de ses camarades, activistes survitaminés. Lorsque, après qu'un coup de grisou avait tué seize mineurs, les maoïstes de la Gauche prolétarienne instaurèrent, avec la participation de Jean-Paul Sartre, un tribunal populaire sur les responsabilités de cette catastrophe, François, qui dessinait aussi finement qu'il écrivait, publia dans *Justice*, l'organe du SM, le portrait d'un juge en hermine assis dans un fauteuil orné des marques de la Révolution, de l'Empire, de la monarchie, de la république et de l'État français. Au-dessus de ce Raminagrobis, un phylactère traduisait sa pensée : « Un tribunal populaire ? Pourquoi pas ? J'ai déjà présidé tant de choses... »

D'avoir été, comme lui, éducateur de rue me rapprocha de Louis Joinet. Mon appartenance au Groupe d'information sur les prisons (GIP) me conduisit à travailler avec ce fin juriste, comme avec d'autres membres du SM. L'appartement de la nombreuse famille Joinet, rue Meslay, servait de lieu de réunion, de terrain de rencontres, de soirées chantées, de pique-niques du dimanche, d'hébergement occasionnel pour toutes sortes de personnes en galère et, après le coup d'État de Pinochet, pour des réfugiés chiliens. Au-delà de cette solidarité immédiate et ponctuelle, comment aider les Chiliens emprisonnés et pire ? Les informations sortaient en désordre. À quels besoins fallait-il d'abord répondre ? Comment utiliser au mieux l'argent récolté dans les campagnes de soutien aux opposants aux généraux ? Sur qui s'appuyer, sur place ? Avec le syndicat italien de la magistrature, Magistratura democratica, et son secrétaire général, Salvatore Senese, Louis récoltait toutes les informations utiles à la défense de ceux que la dictature traduisait devant ses tribunaux. Elles étaient maigres et ne nous donnaient guère de moyens pour agir autrement qu'au coup par coup.

Au fil des discussions, une idée s'imposa : il fallait se rendre sur place, recueillir les demandes d'amis chiliens sûrs dont nous savions qu'ils se dépensaient de leur mieux et dans la mesure de leurs faibles moyens pour soutenir et, si possible, sauver les victimes de la répression féroce de la soldatesque. Si peu de semaines après le putsch, alors qu'à Santiago le Río Mapocho charriait toujours des cadavres, comment organiser une mission qui ne soit pas vaine, voire suicidaire ?

En discutant avec la veuve de Paul Éluard, Dominique, associée aux actions du GIP, vint l'idée d'une couverture pour un pareil voyage. Son actuel compagnon était devenu un important personnage chez Renault. Il y appartenait à une fraternité informelle d'anciens communistes et compagnons de route. Il me mit en rapport avec Jean Mazoyer, directeur de la Sorimex, filiale du groupe automobile chargée des « paiements par compensation », autrement dit d'une forme moderne de troc. En effet, pour vendre des voitures dans des pays pauvres en devises, il fallait le plus souvent acheter ou aider à la commercialisation des richesses locales. En Colombie, par exemple, Renault échangeait des voitures contre du café que sa filiale commercialisait sur le marché international.

Jean Mazoyer, lui aussi ancien compagnon de route du PCF, était d'autant plus sensible aux exactions commises sous Pinochet qu'il vivait avec une actrice chilienne. Il m'assura qu'il pouvait me présenter à un négociant français spécialisé dans l'import-export qui cherchait quelqu'un pour conduire une étude sur le marché de la pêche au Chili. Je ne distinguais pas un goujon d'une daurade, mais je me débrouillais en espagnol. Jean se proposait de me présenter comme un jeune homme ayant quitté le monde de l'université pour entrer dans les affaires, stagiaire à la Sorimex et prêt, pour faire ses preuves, à réaliser cette étude sans rémunération. De n'avoir pas un sou à perdre dans cette embauche temporaire devait, selon Mazoyer, emporter l'adhésion du négociant. De fil en aiguille, l'idée s'imposait donc que je sois celui qui effectuerait le voyage.

Je ne manquais pas de raisons de le faire. Les amitiés nouées avec des étudiants latino-américains attirés à Nanterre par des professeurs comme Alain Touraine et François Bourricaud, familiers l'un du Chili, l'autre du Pérou, et par le sociologue brésilien Fernando Henrique Cardoso m'avaient rendu sensible à la vie sociale et politique de leurs pays. Les romanciers latino-américains, de Cortázar à García Márquez, de Bryce Echenique à Vargas Llosa, de Jorge Amado à Borges, de Manuel Scorza à Eduardo Galeano animaient l'essentiel de mes lectures. Passant quelques jours au Chili sur le chemin de Buenos Aires où vivaient ma sœur, mon beau-frère et mon neveu nouveau-né, j'avais, quelques semaines avant le coup d'État, ressenti à Santiago l'une de ces sombres tensions dont on dit après coup qu'on les avait devinées annonciatrices de l'orage. Après qu'il avait éclaté – et avec quelle brutalité –, j'avais trouvé obscène la fanfaronnade des mouvements trotskistes appelant à la création de Brigades internationales contre le régime de Pinochet. La verbigération de l'extrême gauche avait touché là un fond prudhommesque : pour être aussi outrecuidant, il fallait n'avoir jamais ouvert un livre de géographie.

La modeste expédition à laquelle Dominique Éluard avait donné le coup d'envoi me paraissait, par contraste, une alternative raisonnable à la simple et confortable protestation depuis Paris. Et puis, enfant de l'immédiat après-guerre, je m'étais, comme beaucoup de mes congénères, souvent demandé ce que j'aurais fait à la place de mon père maquisard, dans les années noires. Le danger n'était pas comparable, mais on s'essaie à la bravoure avec les circonstances que l'on a.

J'informai Joinet qui informa Senese. Il fut décidé que Louis se chargerait d'apprécier la fiabilité de mes interlocuteurs chez Renault et la faisabilité du projet. Il a raconté dans *Mes raisons d'État. Mémoires d'un épris de justice*, le déjeuner avec les cadres de la régie nationale qui le convainquit que l'affaire reposait sur des bases solides. Je fus présenté par Mazoyer au patron de l'entreprise d'import-export, qui me fit part du soulagement que lui causait la fin d'Allende et de ses bolcheviks. Pour le rendre antipathique, cette opinion aurait suffi, mais l'homme était en outre faraud, hâbleur et suffisant. Pour prouver à Mazoyer que j'avais commencé à potasser la nomenclature des poissons en espagnol, je le surnommais «*el Tiburon*», le requin.

Un an avant le *golpe*, Louis et Salvatore avaient été invités à Santiago pour présenter leurs syndicats à un parterre de juristes chiliens enflammés par l'apparition de telles organisations et désireux de s'en inspirer. Ils avaient noué d'excellentes relations avec une figure éminente de la vie intellectuelle chilienne, naguère étudiant d'Alain Touraine dont il était devenu l'ami. Manuel Antonio Garretón, ancien président de la Fédération des étudiants catholiques, était, sous Allende, jeune doyen du département d'études sociales de l'université catholique. La répétition de cet adjectif dans sa biographie laissait – à juste titre – espérer pour lui la protection du cardinal Silva Henríquez, archevêque de Santiago, éminente figure d'autorité hostile à la junte, qui le détestait autant qu'elle le craignait. Manuel Antonio, rejeton d'une très ancienne famille chilienne qui comptait des parents partout, avait, en effet, échappé à l'arrestation. Interdit d'enseignement, il avait trouvé un refuge académique à la Faculté latino-américaine de sciences sociales, la FLACSO. À l'abri fragile de cette organisation intergouvernementale placée sous la sauvegarde de l'UNESCO, Garretón s'employait à maintenir un contact avec l'extérieur et à trouver un asile professionnel pour les intellectuels frappés d'interdiction d'exercer leur métier. La facilité avec laquelle les militaires pouvaient intercepter les communications avait convaincu Joinet et Senese de l'intérêt d'une visite sur place, et c'est la qualité de la relation qu'ils avaient nouée avec le doyen Garretón qui les avait persuadés qu'il serait non seulement le contact indispensable, mais aussi l'intermédiaire efficace avec d'autres opposants à la junte. Nos amis de Renault remirent à Louis de quoi payer mon billet, et des chèques de voyage pour assurer mes dépenses quotidiennes, assez généreusement estimées pour que je puisse, le cas échéant, venir en aide à mes contacts.

Trois mois après le coup d'État, dans et autour de l'aéroport de Pudahuel, des patrouilles grouillaient et des véhicules militaires stationnaient en grand nombre. La police des frontières opérait ses vérifications, encadrée par des soldats. On y releva mon nom et le but de ma visite, sans plus de complications. Mon premier étonnement vint des banderoles installées au-dessus des rues. Elles ne proclamaient pas la justesse de la cause des putschistes, mais « *la libre competencia es el precio justo* » : la libre concurrence assure le juste prix ! J'avais réservé une chambre en centre-ville dans un hôtel de moyen standing conforme aux raisons officielles de mon voyage, prévu pour quatre nuits et cinq jours. On m'y informa qu'un couvre-feu s'appliquait en ville de 22 heures à 5 heures du matin et on m'avertit que cette mesure devait être prise au sérieux. Tout au long de mon séjour, plus que la peur, cette interdiction fit peser sur moi un ennui indigeste. Pour éviter les pépins, il valait mieux me présenter à l'hôtel vers 21 h 30, et il ne m'y restait qu'à ronger mon frein, sans télévision ni livres, dans une chambre depuis laquelle je regardais interminablement les feux de circulation changer de couleur dans des rues que ne parcouraient que des voitures de patrouille, m'imaginant ce que recouvrait ce vide et ce silence. Dans ma situation, rien n'était plus néfaste pour le moral que l'inaction et la gamberge qu'elle entraîne.

Dans les jours qui suivirent mon arrivée, une partie de mon temps fut consacré à un relevé des fluctuations des prix et de la production du poisson local le plus pêché : morue, merlu, mérou, raie, congre, maigre, sole et espadon. Je me renseignais aussi sur les aides que le gouvernement chilien entendait apporter aux fermes aquatiques dédiées au saumon dans le Sud du pays, qui intéressaient plus particulièrement mon patron d'un moment. Le général Pinochet n'avait pas placé cette question en tête de ses préoccupations et tout ce qui concernait ces fermes avait été envisagé par le gouvernement Allende. (Je m'abstins, dans mon rapport, de porter ce point à la connaissance du Tiburon.) Le pari que nous avions fait, avec Louis Joinet, était que mon séjour serait trop court et que je lui donnerais assez de crédibilité pour ne pas attirer l'attention. Faute d'une formation, même accélérée, au métier d'agent secret – à part une lecture extensive des œuvres de John Le Carré –, je relevai dans l'annuaire de Santiago le numéro de téléphone de Manuel Antonio Garretón. Je prétendis l'appeler de la part d'Adriana Arenas, le nom de jeune fille de l'épouse chilienne d'Alain Touraine.

Je fus accueilli avec la chaleur que l'on réserve à quelqu'un que l'on attend sans trop y croire. On imagine sans difficulté le plaisir que pouvait causer, après des semaines d'isolement dans une atmosphère de terreur et d'arbitraire, la visite d'un ami, même inconnu. Après une première rencontre où la sympathie fut immédiate, Manuel Antonio se chargea de prévenir José « Pepe » Zalaquett, la cheville ouvrière du Comité Pro Paz, organisme de défense des prisonniers et de recherche des disparus, créé et placé sous sa sauvegarde par le cardinal-archevêque de Santiago. Il avertit également de ma présence Norbert Lechner, un politologue allemand, professeur depuis 1970 à l'Université pontificale du Chili et protégé, lui aussi, par son appartenance à la FLACSO, ainsi que sa compagne, Paulina Gutierrez. Ce quatuor dressa pour moi le tableau des besoins de ceux qui, comme eux, tentaient d'enrayer les mécanismes de la répression. La résistance politique était encore impossible, bien qu'ils s'appliquassent à en dessiner les contours à venir et à réunir les contributions de ceux qui avaient encore assez de liberté pour y réfléchir. Manuel Antonio Garretón parlait de ce think-tank informel comme d'un équivalent intellectuel du Comité.

Pour l'heure, c'était d'abord un soutien juridique international que recherchaient mes amis, avant tout soucieux de sauver le plus de vies et d'obtenir le plus de remises en liberté possible. Curieusement, en effet, les militaires faisaient preuve d'une déférence modeste mais réelle envers les formes du droit, du moins pour les procès de ceux de leurs prisonniers qu'ils n'assassinaient pas sommairement et souvent cruellement. (Ce ne fut pas le cas, quelques années plus tard, de leurs sanguinaires émules argentins et uruguayens, qui ne s'encombrèrent d'aucun scrupule juridique ni d'aucun souci de l'opinion internationale.) Il fallait donc mettre en place un réseau européen d'avocats et de juristes et trouver un financement pour leurs voyages. Grâce au Comité Pro Paz et en utilisant chaque fois que ce serait possible la complicité de l'ambassade de France, Pepe Zalaquett se chargerait de nous faire passer les noms et les situations de détenus. Toute publicité donnée à leurs cas serait d'une aide précieuse.

L'ambassade de France prenait très au sérieux les valeurs de la République et ses diplomates suscitèrent en moi la plus durable admiration. Pierre de Menthon, notre ambassadeur, avait ouvert les portes de la chancellerie dès les premiers jours suivant le putsch. Il avait recueilli plusieurs centaines de réfugiés et il y en avait encore partout dans les bureaux, transformés en hébergement d'urgence et de fortune. Son épouse, Françoise, courait de l'un à l'autre, distribuant nourriture, boisson et réconfort, langeant les nourrissons, organisant les tours de lavage du linge, courant la ville pour trouver couvertures et oreillers. Le conseiller culturel, Roland Husson, avait reçu la charge d'organiser en toute sécurité le départ en exil des plus menacés. Je me présentai au premier secrétaire, Jean-Noël de Lacoste, dont le nom m'avait été donné à Paris par Paul Ricœur. Il ne fut pas long à comprendre que je ne cherchais pas seulement à me renseigner sur le marché du poisson. Avec le deuxième secrétaire, François Nicoullaud, il me conduisit dans une voiture de l'ambassade à proximité d'un camp de détention dans les environs de Santiago, dont je pris quelques photos, le temps qu'une patrouille vienne fouiner de notre côté. Ses membres, arrêtés dans leur élan par la plaque diplomatique de la voiture, ne purent que nous intimer de circuler.

La camaraderie la plus chaleureuse présidait à toutes nos réunions et la convivialité en éclairait le sérieux. Nous nous retrouvions tantôt chez Manuel Antonio, tantôt chez Norbert et Paulina, les mieux protégés des conspirateurs. Pepe était un solide gaillard, un cerveau méthodique et efficace que ne rebutait aucune difficulté ; je découvris partager avec lui une passion pour Paul Klee, dont je ne me serais guère attendu qu'elle soit un sujet de conversation dans ce contexte. Manuel Antonio, mince, vif et volubile, ne tarissait pas de curiosité sur la vie intellectuelle en France, dont il connaissait tant de choses et pour laquelle il avait tant d'affection. Norbert ressemblait au Michael York de *Cabaret* et Paulina à la Natalie Wood de *West Side Story*. Ces beautés de cinéma se partageaient entre l'élaboration des listes de détenus et celle d'une base de regroupement des opposants et des persécutés. Manger, boire et chanter épiçait nos séances de travail. Mon dernier soir, travaillant chez eux avec Norbert et Paulina, la proximité du départ nous avait poussés à nous laisser aller à ces moments de détente et nous nous aperçûmes qu'il était trop tard pour que je puisse rentrer à mon hôtel avant l'heure du couvre-feu. Mal assuré sur les conséquences que pourrait avoir l'éventualité qu'une femme de service, en constatant que mon lit n'avait pas été défait, informe sa direction, et sa direction la police, mais convaincu par mes amis que rien ne serait pire que d'être pris à circuler après l'heure permise, je dormis sur leur canapé. Au réveil, je trouvais le fils de Paulina, un gamin de 6 ans, en arrêt devant mes chaussures. Il appela sa mère pour lui faire constater à quel point elles étaient grandes. (Je chausse du 45.) J'appris par la suite que sa sidération dura plusieurs jours et qu'il demandait s'il reverrait bientôt « *tu amigo con los zapatos grandes* », ton ami aux grandes chaussures.

À l'hôtel, rien n'indiquait qu'on avait relevé mon absence nocturne. Je mis la dernière touche à mes activités ichtyologiques et me préparai au retour. Je retrouvai Pepe Zalaquett à l'ambassade de France, puis Manuel Antonio chez lui. L'un et l'autre me remirent des documents, fruits de leurs recensions des prisonniers pour qui il était urgent de faire venir des avocats mandatés en France et en Italie par des associations de défense des droits de l'homme. Nos adieux furent ceux que l'on imagine, maladroits, douloureux et fraternels. En repassant par l'hôtel pour chercher ma valise et y ranger ces papiers, j'appris qu'on était venu « se renseigner sur moi ». Jusqu'à ce que je prenne place dans l'avion d'Air France, je n'en menai pas large. Quelques semaines après mon retour, Jean-Noël de Lacoste m'informa que je ferais aussi bien de ne pas revenir au Chili de sitôt. À la remise de mon rapport sur l'avenir de la pêche, le Tiburon me proposa un contrat.

Louis Joinet et Salvatore Senese m'associèrent à la construction d'un réseau d'avocats, dont le futur bâtonnier Mario Stasi fut un des plus actifs. En novembre 1975, l'un d'entre eux, Maître Jules Borker, éminence grise du PCF, m'appela un samedi en fin de matinée de Roissy où il était en transit entre Santiago et Moscou. (Je compris par la suite qu'il était chargé des négociations qui aboutirent des mois plus tard à l'échange du secrétaire général du PC chilien, Luis Corvalán, contre le dissident soviétique Vladimir Boukovski.) Nous ne nous connaissions pas, mais, à Santiago, Jules Borker avait croisé Mario Stasi, qui lui avait donné mon téléphone et confié pour moi un message urgent : Pepe Zalaquett avait été arrêté et Mgr Silva Henríquez demandait que l'on en prévienne d'urgence le cardinal Marty. L'archevêque de Paris était invité à manifester la préoccupation que lui causait cette atteinte au travail de son confrère et ami de Santiago. Faire savoir qu'on se souciait du sort de Zalaquett au plus haut niveau de l'Église de France empêcherait sans doute les militaires de faire disparaître Pepe. Commença pour moi une course contre la montre. Pour obtenir un rendez-vous en urgence avec l'archevêque, je n'avais qu'un contact : Mgr Pézeril, évêque auxiliaire que j'avais fréquenté en la qualité d'exécuteur testamentaire de Bernanos. À son bureau, on m'apprit qu'il était à Saint-Étienne-du-Mont où il célébrait une messe pour les polytechniciens morts dans l'année. J'y courus. La messe était dite et les familles se pressaient dans la sacristie pour échanger quelques mots avec l'évêque. Je les bousculai, accrochai Pézeril stupéfait et lui expliquai mon problème. Il allait faire son possible et me demandait de rentrer chez moi et d'attendre son coup de fil. À 16 heures, il m'appela et me dit que l'archevêque aurait un court moment à me consacrer une demi-heure plus tard. Ni rasé ni proprement vêtu, j'allai chercher au parking la voiture que je partageais avec un ami médecin.

Dans l'angoisse de perdre le temps dont j'aurais besoin pour expliquer la situation à Mgr Marty, je pris à contresens la rue Barbet-de-Jouy, où se trouve la résidence de l'archevêque de Paris – la résidence de l'archevêque, mais aussi, à l'époque, la présidence de la région Île-de-France, évidemment gardée par des policiers, qui s'avancèrent vers moi avec un air approprié à mon délit. Je veux croire que c'est l'Esprit Saint qui m'inspira, en baissant la vitre, de montrer le caducée du copropriétaire de la voiture et de lâcher : « C'est pour l'archevêque ! » Les agents me firent la route jusqu'au portail, sonnèrent et annoncèrent au concierge : « C'est le docteur pour le cardinal. » L'homme n'avait pas bu que de l'eau bénite. Il balbutia une approbation et ouvrit le double battant.

Mgr Marty me fit bon accueil. Je fus surpris par son excellente connaissance de la situation au Chili. Il décida d'envoyer un télégramme au cardinal Silva Henríquez. Il le rédigea, me le lut et le dicta devant moi au service des télégrammes téléphonés. Puis il me posa quelques questions personnelles, à sa manière qui avait toujours été celle d'un curé de paroisse. Je repartis avec sa bénédiction et l'assurance que le premier de nous deux qui aurait des nouvelles les donnerait à l'autre. En sortant de la résidence, je m'arrêtai devant les policiers et leur assurai que ce ne serait rien. Le lendemain dimanche, à 6 heures, la sonnerie du téléphone me tira du sommeil. « Allô, bonjour, ici le cardinal Marty. Je voulais vous dire qu'après notre conversation d'hier, je me suis dit que, peut-être, on ne remettrait pas mon télégramme au cardinal Silva Henríquez. Alors je lui ai téléphoné. Comme il est certainement écouté, on ne pourra pas ignorer ma préoccupation. Bon dimanche. » Détenu quelques mois, Pepe Zalaquett fut exilé. Je l'accueillis et l'hébergeai à Paris. Il rejoignit rapidement les rangs d'Amnesty International.

En septembre 1990, deux ans après que les Chiliens eurent rejeté par référendum la proposition du général Pinochet de lui confier un mandat de huit ans, les restes de Salvador Allende furent transférés de leur tombe sans indication de nom du cimetière de Viña del Mar à Santiago, pour des obsèques solennelles. Michel Rocard, Premier ministre, y représentait la France. Se souvenant de mon voyage de 1973, il m'invita à faire partie de sa délégation. Ce fut un voyage surréel et mémorable. Moins d'une quarantaine d'heures de Paris à Paris et davantage de temps passé dans l'avion qu'au Chili. Danielle Mitterrand avait exigé d'en faire partie. Pour faire bon poids, elle était accompagnée de son fils Gilbert, député de la Gironde. Président de l'Assemblée nationale, Laurent Fabius avait naturellement sa place dans le cortège, tout comme Michel

Sapin, président de la Commission des lois. Jean Kahn, haute figure de la défense des droits de l'homme, était apprécié de Rocard tout en étant ami de Mitterrand. Les services de l'un et de l'autre s'étaient mis d'accord sur son nom.

L'avion du Premier ministre comportait quatre bannettes améliorées protégées par des rideaux, où l'on pouvait dormir allongé dans des draps. Le reste des passagers disposait de très confortables fauteuils aménageables. Des plateaux-repas étaient servis à la place, mais le Premier ministre disposait d'une petite salle à manger dont la table n'admettait que peu de convives. Mme Mitterrand avait fait savoir qu'elle ne partagerait pas les agapes du PM, ne quitterait pas sa bannette et y recevrait ses repas. Son fils se tenait avec elle. Le protocole imposait à Michel Rocard de convier le président de l'Assemblée nationale à sa table, où il n'était pas concevable que Jean Kahn ne soit pas invité. Michel Sapin fut le premier à occuper la quatrième chaise. C'est une puissante cervelle, un homme politique responsable, fidèle dans ses engagements, mais qu'il ne viendrait à personne de choisir pour animer un banquet, même à quatre. Les sentiments que se portaient le PM et le président de l'Assemblée ne portaient pas à la chaleur communicative. Le médecin chargé d'accompagner le chef du gouvernement, installé dans un fauteuil avec vue sur la salle à manger, me décrivit un grand moment de sinistrose.

Estimant que je ne serais pas un plus mauvais boute-en-train que Sapin, Rocard fit de moi le quatrième du repas suivant, toujours avec Fabius et Jean Kahn. L'idée n'était pas si bonne : ne représentant que moi-même dans ce voyage, je ne pouvais prendre sur moi d'animer la conversation à la place de l'hôte, et d'ailleurs Fabius me bêchait ferme. Jean Kahn, qui sur la foi de mon patronyme, me croyait alsacien et sans doute juif, vit tomber des sujets de conversation dont aucun ne me concernait. Michel ramait. La seule idée qui me vint fut de demander aux deux rivaux ce qui, à la sortie de l'ENA, leur avait fait choisir l'un l'Inspection des finances et l'autre le Conseil d'État. François Furet a écrit que la France est une société de cour habitée par des maniaques de la hiérarchie, une société castifiée où la manière de montrer qu'on est différent, et, bien sûr, supérieur au voisin est absolument obsessive. Ni Jean Kahn ni moi n'eûmes plus à ouvrir la bouche. Je venais sans le vouloir de lancer l'un de ces exercices de différenciation au cours duquel la vieille rivalité des deux socialistes se déplaça sur le terrain apparemment apolitique des vertus et des avantages de leurs deux grands corps, sujet que lequel ils se montrèrent intarissables et qui se termina par une comparaison détaillée des régimes de retraite de l'Inspection et du Conseil. Quand, le repas terminé, je regagnai mon siège, le médecin, hilare, point fermé pouce en l'air, me fit le signe qu'on réserve à ceux qui viennent de gagner un match.

J'avais demandé à Michel Rocard d'être exempté du déjeuner officiel et d'utiliser le canal de notre ambassade pour prévenir mes amis de ma venue et passer avec eux le seul moment de liberté que me laisseraient les cérémonies. On m'informa que Pepe séjournait aux États-Unis, Manuel

Antonio en Argentine et que Norbert et Paulina me donnaient rendez-vous dans un restaurant du centre de la capitale. À l'arrivée, le Premier ministre, Danièle Mitterrand et Laurent Fabius furent happés par les services du protocole, tandis qu'un minibus était avancé pour leur escorte. Tout au long du chemin – celui qu'allait suivre la dépouille de l'ancien président –, des grappes humaines étaient accrochées à tout ce qui pouvait servir de perchoir. Arrivés à la cathédrale – car les obsèques étaient religieuses –, le diplomate chargé de nous guider nous lâcha brusquement après nous avoir montré du doigt une zone à l'avant de l'édifice où se trouvaient, précisa-t-il, les places qui nous étaient réservées. Elles étaient occupées par des Chiliens pour qui l'événement avait assurément plus de sens que pour quiconque, et qui avaient joué des coudes pour y participer de près. Un des membres de notre délégation – la charité me pousse à ne pas le nommer, et aussi le fait que ses ambitions alors grandes ont depuis fait naufrage – m'interpella d'un « vous qui parlez espagnol, dites-leur que ce sont nos places ». Je haussai les épaules et partis me promener dans la cathédrale en attendant le début de la cérémonie. Au détour d'une abside, je tombai sur Norbert et Paulina. Nous nous étreignîmes sans pouvoir dire un mot. Paulina brisa la première le silence : « Tu as toujours des chaussures aussi grandes ? »

# Un homme pour toutes saisons

C'est à la table de Prunier Traktir que Jean-François me fit l'offre d'entrer à la fois en journalisme et à *L'Express*. Comme on a écrit (non sans emphase) que le silence qui s'établit après l'exécution d'une œuvre de Mozart est encore de Mozart, je soutiendrais que le trajet qui conduisait à un restaurant où Revel vous avait convié à partager son déjeuner était déjà un déjeuner. C'était même un « festin en paroles » : entre son bureau de l'avenue Hoche et le haut de l'avenue Victor-Hugo, Jean-François fit crépiter devant moi quelques-uns des feux dont brillait alors (en 1980) cette annexe d'une maison centenaire. Il fut question d'Alfred Prunier, qui établit la recette de la marmite dieppoise, laquelle n'est véritable que cuite dans un mélange de beurre, de crème et de cidre sec, de Marcel Proust et de ce qu'il écrivit dans *La Prisonnière* d'une maison qui excellait dans le homard à la Newburg, la perche à l'angevine et le filet de bœuf à la bostonienne, c'est-à-dire accommodé avec des huîtres.

Le goût est un sens qui demande à être sans cesse exercé, informé, instruit si l'on veut en jouir pleinement, qu'il s'agisse de prendre un repas, de regarder un tableau, d'écouter une symphonie ou de découvrir une ville. Dans *L'Œil et la Connaissance*, Revel s'est solidement expliqué sur ce point de vue peu conforme à la croyance – ou à la crédulité – contemporaine en notre capacité à accéder au beau par notre seule mise en contact avec lui. La cuisine n'était pas pour lui un art mineur et il avait travaillé ce sujet comme il travaillait tous les autres, avec sérieux et appétit. Ce qu'il donnait à voir en vitrine, j'ai toujours vu Jean-François Revel le tenir en magasin, et à la disposition de quiconque. Comme on dit dans la marine, à son bord, le pavillon couvrait la marchandise. Quel contemporain d'un siècle où les impostures semblent avoir connu une particulière prospérité, où les mensonges criminels ne l'ont disputé en succès qu'aux fables les plus burlesques aura aussi naturellement résisté à la tentation d'esbroufer son prochain, même si (ou bien que, ou parce que) il avait lui-même un temps succombé aux mômeries enfumées d'un Gurdjieff ? Dieu sait pourtant s'il connaissait pour les avoir étudiées ou observées toutes les recettes nécessaires à transformer la connaissance en instrument de domination et l'intelligence en distributeur de poudre aux yeux. Or, d'une conversation avec lui, du contact avec son esprit si gargantuesquement informé, je ne sortais pas écrasé, gêné, embarrassé, découragé ou subjugué, mais tonifié, incité et aidé à m'informer à mon tour, les yeux ouverts sur d'autres perspectives, et à me faire une opinion.

Dans l'avenir, m'annonça-t-il arrivé chez Prunier, il serait heureux de me faire partager tel et tel de ses enthousiasmes de gastronome et il espérait que je lui ferais connaître les miens. Pendant le quart de siècle qui suivit, que nous nous retrouvions à Paimpol, à Paris ou n'importe où dans cette vallée de larmes, Jean-François fit preuve de ce même intérêt quasi encyclopédique pour les restaurants opulents ou modestes, connus ou obscurs, et de la même obstination amicale à me les faire connaître. Il m'annonça avec tristesse que Le Roi René avait disparu de la place des Victoires, au grand dam des mangeurs honnêtes. C'était à force que le patron « fasse le papier » à Longchamp, où Revel l'avait fréquenté en camarade de jeu, et, le plus souvent, d'infortune. Nous nous repliions donc Chez Georges, où André Fermigier avait eu sa petite table face au comptoir, et dont le patron maintenait très haut la science des plats et des vins canailles. C'est là – soutenait Jean-François – qu'on servait le meilleur œuf mayonnaise de Paris (on l'y sert encore), comme c'est Chez Maxim's, au printemps, que l'on trouvait à la carte le meilleur bœuf en gelée.

Des années plus tard, l'amitié ayant succédé au travail en commun qui l'avait fait naître, ce bœuf en gelée, accompagné d'un lalande de pomerol raisonnablement jeune, nous causa le même plaisir que le plat du jour servi dans une rue pouilleuse du 19e arrondissement, dans la salle d'un bistro de quartier où Jean-François m'avait attendu avec une mine farceuse, savourant mon étonnement devant sa science des troquets banals et m'annonçant – en remplissant mon verre d'un brouilly sans chichis ni reproches : « Tu verras, le mardi, ils font un plat de côtes exceptionnel... » Mais, pour revenir à ce jour de janvier 1980 où nous commencions à peine à faire connaissance et avancions l'un vers l'autre avec des préjugés de plus en plus favorables, je me souviens que le choix de mon apéritif – une gentiane – me parut aiguiser la sympathie de Jean-François, dont c'était – preuve qu'il n'était pas incapable de faiblesses ni d'errements – la période martini-gin. « J'ai horreur des repas d'affaires : voulez-vous que nous réglions celle qui m'a fait vous demander de venir ? Nous commanderons ensuite : quelle que soit l'issue de notre conversation, nous déjeunerons l'esprit libre. » Il m'annonça que, après deux mois d'une collaboration irrégulière pendant laquelle j'avais rendu compte de livres de sciences humaines et d'histoire, après m'avoir commandé trois mystérieux papiers « à blanc » (« Un essai que Todd et moi avions décidé de faire passer à quelques nouveaux collaborateurs possibles. Je n'aime pas me fier à ma seule idée ni aux recommandations des amis même très proches et de très longue date »), il me voyait une place dans son projet de redonner du souffle et des lecteurs à *L'Express*. Il m'offrait donc de tenir une chronique hebdomadaire consacrée à la télévision. « Sous votre signature, ajouta-t-il, l'œil en coin. Vous verrez, ce sont des distinguos de protocole pour lesquels vos futurs confrères vous feront payer une addition salée. » Il trouvait que, malgré son importance croissante dans la vie de tous, le petit écran n'était pris au sérieux que par peu de journaux. « Je ne cherche pas quelqu'un qui vienne donner son avis sur les sujets abordés à la télévision, mais qui examine comment ils ont été traités. Quant aux téléfilms, je ne vois aucune raison de postuler qu'ils ne méritent pas la même attention, fût-elle sévère, que les longs-métrages du cinéma. » Subsidiairement, en embauchant un sociologue, il n'était pas mécontent d'adresser un pied de nez au poujadisme « anti-intello », de règle dans presque toutes les rédactions. Il en profita illico pour m'adjurer de ne pas sombrer moi-même dans le pédantisme et le pédagogisme qu'il avait souvent observés chez les écrivains et les essayistes venus au journalisme en affectant de s'y crotter les chausses. « Et n'oubliez pas que la culture est facultative », devait-il ajouter en guise de viatique lorsqu'il me reçut pour la dernière mise au point avant mon entrée en fonctions. C'était une façon de souligner que le journaliste, l'éditorialiste ou le chroniqueur n'est pas un prêtre auxquels les fidèles doivent apporter l'hommage de leur adhésion admirative, mais qu'il lui appartient de les intéresser, de les persuader, de leur fournir informations et arguments, de leur ouvrir des portes qu'ils sont parfaitement libres de ne pas franchir, voire de lui claquer au nez. Il crut honnête de me mettre en garde contre les inimitiés que pourraient m'attirer l'accomplissement sérieux de ce travail ainsi que l'habitude d'une certaine malice qu'il avait constatée dans mes papiers. (« Vous verrez, l'ironie est un grand déclencheur d'agressivité et un fort révélateur de la bêtise ».) Bref, si je rejoignais son bâtiment, je devais m'attendre à de grands vents, à de fortes houles, à des coups de Trafalgar, de Jarnac, de pied en vache, de poignard dans le dos... Au cas où je ne serais pas intéressé par sa proposition, il n'en continuerait pas moins à accueillir volontiers mes comptes rendus au « littéraire ». Si je l'étais, nous réserverions les détails de ma collaboration pour une conversation ultérieure. Je lui dis oui sans barguigner : comment ne pas sentir que travailler avec cet homme ne se refusait pas ? Je commandai ensuite une brandade, et Jean-François me fit comprendre que c'était là le choix d'un convive selon son cœur. Quelques jours plus tard, nous réglâmes les conditions de mon embauche. La semaine suivante, après avoir démissionné de mon emploi précédent, je le croisai dans un couloir alors que je venais humer l'ambiance du journal. « Vous avez fait signer votre contrat ? » « Pas encore, rien ne presse. » Il m'admonesta : « C'est malin, vous avez quitté votre emploi et vous pensez que ma parole vous suffit ? Et si je passe demain sous un autobus, qu'est-ce qui vous arrivera ? Allez tout de suite voir le directeur administratif ! » Même bourrue, cette prévenance me toucha.

Tout le temps où Revel a été mon patron, j'ai écrit mes chroniques en ayant la certitude – et souvent la preuve – qu'il les passerait au crible de sa lecture. Jamais pour m'inciter à adopter son propre avis, dont il aurait cherché insidieusement à me faire le porte-plume. C'est mon point de vue qu'il me reprochait de ne pas défendre assez bien, soit qu'il pensât que mes tournures manquaient de légèreté ou d'allant, soit qu'il trouvât que mes arguments pêchaient par quelques biais et que l'agencement en était mal construit. Sur un lit d'hôpital où j'attendais une intervention chirurgicale imminente, il me fit un jour apporter la chronique que j'avais laissée au journal avant de partir. Il lui trouvait des faiblesses dont il détaillait l'inventaire et requérait la réparation sans tarder, délai de bouclage oblige, le coursier attendait. Je pris une plume et m'employai à corriger mon papier, car il avait raison. L'infirmière anesthésiste entrant dans ma chambre et s'enquérant de ce que j'étais en train de faire trouva que mon patron était une sacrée vache. Je lui expliquai à quel point elle se trompait et le bonheur qu'il peut y avoir, lorsque l'on écrit, à être lu, et aussi bien lu. Elle voulut bien changer d'avis.

Après son départ mouvementé de *L'Express*, j'allai rendre visite à Jean-François à Pleubian. Je ne l'ai jamais vu aussi détendu, ni, pour tout dire, aussi heureux que dans cette maison magnifiquement située à l'embouchure du Trieux, face à l'île de Bréhat et à une baie qui semble japonaise, avec ses petits îlots rocheux quelquefois plantés de pins. Il s'y habillait en Marseillais, pantalon de couleur et polo à rayures multicolores horizontales qui soulignaient sa gidouille. Il y faisait la cuisine. Je me souviens de mon premier repas à sa table bretonne : un roastbeef cuit à la perfection accompagné de pommes de terre sautées d'anthologie, et, des années plus tard, d'une recette de moules qu'il avait inventée et qu'il avait passé trois jours à essayer sur Claude Sarraute avant de se risquer à la servir à ses amis. Je me souviens aussi que Michel Rocard, alors à Matignon et qui trouvait certains des éditos de Revel sur la politique économique ou sociale de la gauche injustes ou mal fondés, m'avait demandé d'organiser une rencontre qui prit – cela va de soi – la forme d'un déjeuner. J'y jouai avantageusement le rôle du passe-plat, me régalant de leur discussion tantôt détendue tantôt opiniâtre. « Quel formidable type ! » s'exclama Rocard lorsqu'il m'appela pour me remercier et m'annoncer qu'il nous invitait à un déjeuner de revenez-y quelques semaines plus tard. Ce n'est pas que leurs points de vue s'étaient beaucoup rapprochés (même s'ils avaient dissipé certains malentendus), mais seulement que Rocard, comme tant d'entre nous, sortait de sa discussion avec Jean-François en ayant l'impression de mieux savoir ce qu'il pensait lui-même. Et puis il y avait cette sympathie qu'inspirait Revel, et que j'ai retrouvée chez nombre de ses lecteurs qui ne l'avaient jamais rencontré, particulièrement après la publication du *Voleur dans la maison vide*. De quoi était-elle faite ? De l'attention qu'il portait à ses interlocuteurs, de son absence de considération pour les grandeurs d'établissement, de la délicatesse avec laquelle il soutenait ses amis dans la peine, de sa probité minérale, de son aversion du prosélytisme, de son étrange silhouette, de la fatigue que l'on sentait plus d'une fois chez lui, de son goût de la table, de son trop d'alcool, de ce qu'on le savait unique, de son sens de la camaraderie qui a surpris tant de ceux qui ont fait sa connaissance, de son style, de sa forte pensée, de son habitude de ne rien laisser passer à personne, des amitiés si diverses et si réelles qu'il aura nourries ? Pour moi, de ce qu'il représentait tout ce que j'ai aimé chez le plus aimé de mes instituteurs, de son affection avunculaire que j'ai toujours douté de mériter (« Où as-tu pris que l'affection se mérite ? », me dirait-il, goguenard), de son autorité fondée sur une compétence, toujours prête à rendre des comptes et dont l'exercice amical persuadait que le travail recèle sa propre récompense, que la liberté vaut la peine qu'elle coûte à reconquérir sans cesse, qu'« il faut rire avant d'être heureux » comme écrivait La Bruyère, avec qui il n'est pas difficile de lui trouver plus d'un point commun et nombre d'affinités. De ce culot avec lequel, dans son anthologie de la poésie lyrique, il fit figurer Boileau, mais seulement pour deux vers dont il me semble qu'ils ont quelque chose à nous dire sur ce qu'il y eut toujours de mélancolie et de cœur à l'ouvrage dans l'âme de ce voleur sorti de la maison vide avec un si riche butin si généreusement partagé. Voici ces deux vers : « Le moment où je parle est déjà loin de moi » et « Mes défauts, désormais, sont mes seuls ennemis… »

# Le loubard et l'opossum

En ce temps-là, communiquer n'était encore qu'un verbe transitif, un verbe qui appelait un complément d'objet direct et faisait entrevoir un complément d'attribution. Les producteurs de films et de spectacles ne lâchaient pas encore des fourmilières de communicants sur les rédactions. En ce temps-là, il n'y avait encore, mais seulement pour quelques mois, que trois chaînes de télévision, toutes publiques et, bien qu'il abritât quelques émissions prestigieuses, le petit écran était considéré comme un moyen d'information très inférieur à la presse écrite. En ce temps-là, la libéralisation de la bande FM n'avait encore abouti qu'à une chienlit sonore plus ou moins pittoresque. Derrière les slogans du genre « Libérons la parole », de farouches pancraces mettaient aux prises ceux qui escomptaient que les meilleures intentions ne résisteraient pas longtemps à l'argent des publicitaires. En ce temps-là, donc, le monde de la presse (on ne disait pas « des médias ») ne ressemblait que de très loin à ce qu'il est aujourd'hui. Il serait exagéré de dire que le journalisme était un univers empreint de conscience professionnelle et de bonnes manières, mais on peut hasarder qu'il était encore influencé par un surmoi où entraient de généreuses illusions de la Résistance, des figures de références comme Beuve-Méry (le fondateur du *Monde*), Brisson (le patron du *Figaro*), ou Lazareff (l'inventeur de *France-Soir*), sans compter les nombreuses grandes plumes, de Joseph Kessel à Brigitte Friang. Les gestionnaires étaient priés de rester à la porte des rédactions où l'on se souciait davantage du contenu du journal que de ses ventes.

Les journalistes professaient une haute opinion de leur métier dans les rubriques culturelles plus que dans aucune autre et ils ne se seraient pas laissé approcher par des représentants de commerce désireux de leur fourguer tel artiste ou telle œuvre. Dans la presse « de qualité » à laquelle appartenait *L'Express*, conscients de l'influence de notre journal, nous n'acceptions de n'avoir affaire qu'à des attachés de presse triés sur le volet. Claude Davy était l'un de ces quelques-uns. Il aurait d'ailleurs lui-même fait un remarquable journaliste s'il n'avait pas été par tempérament rétif à toute forme de dépendance hiérarchique. Il était l'attaché de presse des cinéastes les plus intimidants, ceux dont chaque rédaction sait qu'elle va devoir parler et dont chaque rédacteur espère que la tâche ne lui échoira pas : Bergman, Antonioni, Godard... Ayant pris la peine de lire nos articles et nos critiques, Davy trouvait souvent par quel biais intéresser chacun d'entre nous au film qu'il devait promouvoir et même de nous suggérer un « angle » sans avoir l'air d'y toucher. Avec son allure de Droopy habillé à la six-quatre-deux, il n'avait rien d'un conquérant. Rédacteur en chef de la Culture à *L'Express*, j'aimais le voir appâter et opérer ses manœuvres de séduction souples et subtiles. Nous avions développé une complicité qui le poussa à me persuader d'assister à la projection d'un court-métrage signé Cyril Collard intitulé *Alger la blanche*. J'en sortis impressionné par la manière fiévreuse de filmer et par la justesse de la lumière pour un propos qui me parut confus.

À la sortie de la salle de projection, Collard m'attendait. C'était contraire aux usages. Les journalistes et plus encore les critiques devaient être épargnés par ce genre de rencontres toujours embarrassantes et garder leur impression pour eux et pour leur journal. J'en fis la remarque à Davy, qui m'objecta qu'il n'attendait pas un article de ma part, mais qu'il avait seulement jugé que j'étais de ceux dont il estimait devoir attirer l'attention sur un jeune cinéaste à son avis promis à un bel avenir.

Cyril faisait beaucoup moins que son âge et s'employait à se rajeunir encore en s'habillant façon loubard. Il me fit la danse des sept voiles à sa manière bien particulière où se mêlait l'empressement, le charme, la flatterie, la provocation, l'acharnement à capter l'attention de son interlocuteur et une sûreté de soi assez carnassière. Je le trouvai plus intéressant que son film. Quelque temps plus tard, ce fut à l'invitation de Frédéric Rossif que je vis de lui un autre court-métrage, *Une musique pour la pluie du*

*Nord*, que Rossif allait intégrer à un ensemble, *Le Cœur musicien*, qui lui avait été commandé pour célébrer la Fête de la musique. La vivacité de la caméra de Cyril, attaché à la liesse des rockeurs, aussi bien que de la fanfare et de l'ensemble symphonique qui se produisaient simultanément à Condé-sur-l'Escaut magnifiait l'événement.

Début 1987, Rossif avait accepté d'être le producteur d'une émission de musique classique que je venais de créer sur la toute neuve chaîne privée M6, *Revenez quand vous voulez*. Les premiers numéros m'avaient laissé insatisfait, car réalisés d'une façon trop compassée. Un nouveau réalisateur ne fit pas mieux. Je m'ouvris à Frédéric de ma déception et lui demandai de m'aider à trouver quelqu'un qui mettrait de la vie dans sa manière de filmer les musiciens et le dialogue que j'avais au plateau avec un invité mélomane mais n'ayant rien à vendre. Ce fut la collaboratrice de Rossif, Florence Quentin, première assistante de Maurice Pialat sur *À nos amours* et future scénariste de *La vie est un long fleuve tranquille*, qui lança le nom de Collard. Je poussai de hauts cris. « Ah non, pas cet agité ! En plus, je parie qu'il ne connaît rien à la musique classique. » Frédéric me calma : il trouvait l'idée très digne d'intérêt et il m'assurait que, comme il l'avait fait pour *Le Cœur musicien*, il cadrerait Cyril...

Nous allions passer deux ans à travailler ensemble et il amena dans l'émission toute son exceptionnelle vitalité, avec un côté rageur dans les mouvements de caméra, qui étaient très neufs dans la façon de filmer la musique classique. *Revenez quand vous voulez* fut la seule activité qu'il poursuivit régulièrement et, comme nous étions aussi dissemblables que possible, il ne pouvait sortir de cette collaboration qu'une rupture pour incompatibilité ou une amitié pour incompatibilité. Il me semble aujourd'hui que nous n'avons pas cessé de nous intriguer l'un l'autre et que, comme cette énigme restait sans résolution, elle aura été la pierre d'angle de notre compagnonnage.

L'émission n'avait pour invités que des amateurs de musique dont je connaissais la dilection (ou dont je m'en étais assuré) et qui n'avait rien à promouvoir (pas « d'actualité » comme on dit maintenant, façon adoucie de dire qu'il s'agit d'une venue intéressée). Le principe, maintes fois utilisé à la radio, était la reprise d'une antique et toujours à l'antenne émission de la BBC, *Desert Island Discs*, dont l'invité fait entendre les enregistrements de ses morceaux favoris. De la princesse Margaret à Roger Waters, de John Reed à Margot Fonteyn, de Judith Dench à James Stewart, l'émission a reçu plus de 3 000 personnalités de la scène, de la ville, de la politique, des médias, etc.

Il ne s'agissait pour moi que de remplacer les enregistrements par des musiciens en plateau. Grâce à l'amitié du pianiste et professeur au Conservatoire de Paris en classe de troisième cycle Christian Ivaldi, je pus inviter de jeunes musiciens dont les années devaient confirmer l'excellence, mais aussi des interprètes à la réputation très établie, les pianistes Maria João Pires et Émile Naoumoff, le violoncelliste János Stalker, le flûtiste Patrick Gallois, le clarinettiste Olivier Dartevelle, le baryton-basse Jean-Philippe Lafont... Dans la liste des quatre-vingts invités de l'émission, on trouve Pierre Desproges et l'ancien Premier ministre britannique Edward Heath, Philippe

Starck, l'amiral Louzeau, sous-marinier et violoniste, Pierre Étaix, le cuisinier Alain Chapel, Philippe Tesson, Coline Serreau, Louis Ducreux (que Bertrand Tavernier venait de faire redécouvrir dans *Un dimanche à la campagne*), Jean-Claude Carrière, Danièle Sallenave, Nicole Garcia, Roland Dumas (ci-devant apprenti ténor au Conservatoire), Claude Sautet, Jean-François Revel, Jorge Lavelli, Claude Rich…

Pour Cyril, *Revenez quand vous voulez* représentait une sorte d'oasis de tranquillité et de camaraderie. L'équipe, très vite rejointe par Daniel Barrau, son chef op et complice, travaillait dans la bonne humeur. Patrick Scemama, ancien cadre des Jeunesses musicales de France, mon comparse plus que mon assistant, veillait au choix des interprètes. Isabelle Dupuis, recrutée à l'issue d'un dîner avec son grand juriste de père, dominait tous les aléas de la production avec le soutien de Pierre-Édouard Marion, qui assumait avec esprit le rôle de bouc émissaire de tous les imprévus et que nous avions surnommé « Ferdinand ». Laurent Limousi, ingénieur du son à l'opéra, nous assurait l'excellence, Christine Soulat, future réalisatrice à Canal+, était une scripte au taquet et l'assistant-réalisateur, Thierry Boscheron, dont le premier film, *Sur un air d'autoroute*, devait être primé au festival de l'Alpe d'Huez, traduisait avec ferveur les intuitions de Cyril pour les placements de caméras.

Pas de lutte de pouvoir, peu de conflits, et toujours traitables, pas d'autre autorité que fonctionnelle, le sentiment partagé de créer quelque chose de neuf et de frais ; nous avions fermement ancré notre navire dans la convivialité, l'amusement et la jubilation. Les invités étaient au diapason. Ce petit concert dont ils avaient composé le programme ne les amenait à rien d'autre qu'à en jouir. Aucun d'entre eux ne se haussait du col et chacun parlait de la musique selon ce qu'elle représentait dans sa vie. Les musiciens étaient à l'unisson. Ils se réjouissaient qu'il existe une autre émission de musique, ils en appréciaient l'ambiance, celle de la recherche de la dilection partagée, et ils n'étaient pas indifférents au fait que chacun touchait un cachet (rareté à la télévision, où l'on a l'habitude de trouver que passer dans l'étrange lucarne est une gratification suffisante) et que tous recevaient le même. Les cadreurs adoraient travailler avec Cyril, qui leur demandait des mouvements qu'on ne leur proposait jamais à la télévision et qui tenait compte de leurs suggestions.

Cyril avait rejoint notre équipe à la fin de septembre et y avait très vite trouvé la bonne place. À l'antenne, sa présence faisait avec les émissions de musique classique la différence que je souhaitais, et même au-delà. Rossif en profitait pour se moquer des barguignages par lesquels j'avais accueilli la suggestion de Florence Quentin. Le round d'observation entre Cyril et moi avait déjà le goût d'une collaboration. Fin octobre, il fut emballé par ma proposition d'aller tourner pour Noël une émission dans une prison, avec pour invités un ou deux détenus. Obtenir l'aval de l'administration pénitentiaire ne fut possible que grâce à l'intervention du garde des Sceaux, Albin Chalandon. J'avais demandé au ministre, qui me l'avait accordé, l'accès à la « centrale » de Clairvaux – réservée aux longues peines. Ses murs gardaient de sanglants souvenirs, heureusement un peu lointains, mais suffisants pour impressionner : l'assassinat de l'infirmière Nicole Comte et du gardien Guy Girardot commis par Claude Buffet et Roger Bontems, guillotinés un an plus tard, puis une révolte massive dont la répression fit deux morts et une quinzaine de blessés, enfin deux détenus condamnés pour meurtre abattus par le GIGN lors d'une tentative d'évasion avec prise d'otages.

Les deux prisonniers qui s'étaient portés volontaires pour être nos invités et composer le programme de l'émission purgeaient de longues peines. Nous n'avons pas voulu savoir pour quel motif. L'un était à Clairvaux depuis quatre ans, l'autre depuis treize. Les fonctionnaires de la pénitentiaire ne nous avaient pas caché que l'atmosphère était tendue, tant chez les gardiens que chez les détenus. Ils avaient même exagéré cette tension, sans doute dans l'espoir de nous décourager. Ils n'avaient réussi qu'à nous donner des inquiétudes et, dans l'équipe réunie la veille au soir du tournage dans un hôtel digne d'un décor de Simenon, en face de l'ancienne abbaye, chacun faisait de son mieux pour ne pas laisser paraître qu'il avait les foies.

Je n'étais pas dans ma chambre depuis un quart d'heure que Cyril frappait à la porte. Il était en chaussettes et t-shirt et ne portait qu'un caleçon imprimé de Mickey. Il suçait son pouce. Je ne l'avais encore jamais vu dans cette posture enfantine, que je devais souvent observer dans les mois et les années ultérieurs. Il me confia sa trouille et me demanda de dormir à mes côtés. Je feignis la plus grande confiance dans la bonne marche de notre émission du lendemain et lui proposai de regagner plutôt sa chambre.

Il s'y résolut, non sans m'avoir jeté un regard d'opossum abandonné.

Devant un parterre de détenus réunis dans la salle des fêtes, Jean-Charles et Jean-Philippe avaient demandé, pour leurs familles, à être filmés le visage dans le noir ou de dos. L'éclairage portait sur leurs mains. Leurs choix étaient d'abord lyriques : Verdi, l'« *Alza ti* » du *Bal masqué* et les deux airs de Posa dans *Don Carlos*, Massenet et le « Pourquoi me réveiller ? » de son *Werther*. Des pièces virtuoses aussi, des caprices pour violon de Paganini, un morceau de concours pour clarinette de Messager (une vacherie), et des morceaux connus même des non-mélomanes : une suite pour violoncelle de Bach et la *Sonate « au Clair de lune »* de Beethoven. Le baryton Roger Massis et son accompagnateur Jeff Cohen, le violoniste Alexis Galpérine, le violoncelliste Renaud Fontanarosa et le clarinettiste Olivier Dartevelle se sortirent les tripes et en reçurent les ovations qu'ils méritaient. Seul instrument autorisé à Clairvaux et pratiqué par nos deux invités, la guitare fut à l'honneur avec le duo virtuose Horreaux-Trehard. À la fin de l'émission, Jean-Charles, après avoir réclamé davantage de musique classique à la télévision, chanta en s'accompagnant à la guitare une fort belle chanson au rythme de valse dont il était l'auteur et le compositeur. Le directeur de la prison nous avait prévenus que le moment compliqué viendrait à la fin de l'émission, lorsque la fête serait finie et que chaque prisonnier devrait regagner sa cellule. Il y eut, en effet, quelques minutes de flottement difficile à interpréter, puis l'assemblée se dispersa.

Dans le train du retour, violon, violoncelle, clarinette et guitares sortis, nous relâchâmes la tension en improvisant un bœuf d'une telle intensité que bientôt notre voiture fut remplie de voyageurs d'abord curieux, puis bienveillants, enfin enthousiastes. Ce fut ce soir-là, dînant en tête-à-tête pour savourer ces moments inouïs, que Cyril me confia sa séropositivité. Il s'ensuivit, au long des jours, de longues conversations dont j'ai tiré qu'il recherchait la paix et la fuyait chaque fois qu'elle approchait. Cyril n'était bien que là où il n'était pas.

Je ne trouvai pas d'autre réponse à sa confession que de l'inviter à passer le premier de l'an sur la côte amalfitaine. Les deux premiers jours furent jours de calme et de parleries, comme disent les Québécois. Il évoquait beaucoup la mer, son plaisir à la parcourir. Soudainement, il devint insupportable. Il conduisait la voiture de location comme si nous étions sur le circuit de Monza, en prenant les risques les plus idiots, il quittait le restaurant au milieu du repas pour revenir s'excuser au milieu de la nuit à l'hôtel… Finalement, il me pressa de rentrer plus tôt, car cette bonace n'était pas pour le genre de marin qu'il était. Au long des mois, ces montagnes russes furent la marque de notre relation.

Nous n'en retrouvâmes pas moins le plateau de *Revenez quand vous voulez* dans l'humeur dans laquelle nous l'avions quitté pour les vacances et nous partageâmes de grand cœur quantité de moments particulièrement goûteux. Cyril savourait toutes les découvertes musicales dont l'émission lui donnait l'occasion et il aimait rencontrer nos invités dans cette ambiance de cabaret classique. Notre rendez-vous restait un port d'attache pour le bourlingueur.

Bernard Pivot m'avait appris que l'entraîneur et ancien joueur de sa chère AS Saint-Étienne, Robert Herbin, fils d'un tromboniste de l'orchestre de Nice, amateur de la musique fin XIX^e^ début XX^e^, emmenait ses joueurs dans sa maison du Forez pour leur faire écouter Mahler et Scriabine. Herbin accepta mon invitation. J'allai préparer l'émission avec lui à Saint-Étienne. Pendant mon séjour, il dut s'absenter quelques heures et me laissa déjeuner avec ses joueurs à la cantine de Geoffroy-Guichard. Je les interrogeai sur les séances musicales organisées par « Roby ». Cela leur plaisait-il ou ils y allaient-ils à reculons ? « Ça nous plaît, me répondit l'un d'entre eux, mais au début... » « Au début quoi ? » « Au début, on trouvait que ça faisait gonzesse... » J'ai compris ce jour-là quel statut est celui de la musique classique dans l'esprit public.

Au plateau, Gabriel Tacchino interpréta une sonate de Scriabine choisie par celui qui voulait « organiser le jeu comme l'Ajax d'Amsterdam et organiser la défense comme les Italiens ». Herbin ne fut pas d'accord avec l'interprétation de Tacchino et la décortiqua précisément et simplement. Le pianiste, fan du SC Toulon, lui répondit... en critiquant la manière dont Roby avait dirigé son dernier match.

Bruno Marie-Rose, champion du monde du 200 mètres et du 4x100, dont j'avais su qu'il avait assidûment pratiqué le violon et occasionnellement le piano, dont il joua pendant l'émission, avait parmi ses invités le Trio Wanderer, alors à ses débuts. Leur sympathie réciproque, née dans les loges, se traduisit sur scène par un échange inattendu sur les différentes manières de s'entraîner chez un sportif et chez des musiciens. Claude Sautet, ancien critique musical, s'empara de l'émission et mena les interviews des musiciens, et notamment de Jay Gottlieb, qui venait d'interpréter une sonate pour piano de Charles Ives, avec un savoir-faire bien supérieur au mien.

Pour notre deuxième Noël, nous donnâmes *Le Carnaval des animaux* avec en plateau deux éléphants, trois lamas, des makis et des cacatoès. Si les lamas s'abstinrent de me traiter comme le capitaine Haddock, si les makis se montrèrent à la hauteur de leur réputation de sociabilité, l'éléphante, malgré les assurances que nous avait données son loueur qu'elle serait « vidée », nous montra pendant la répétition qu'elle était loin de l'être complètement et lâcha d'odorants boulets sous nos regards sidérés. Après qu'elle se fut exonérée, nous restâmes un moment muets et pétrifiés dans un silence qui ne fut brisé que par le bruit de l'interminable jet d'urine avec lequel elle acheva cette prestation indésirable. Ferdinand dirigea la manœuvre et chacun s'empressa d'évacuer ici et d'éponger là, dans des exhalaisons intensifiées par la chaleur des projecteurs. Je devais dire l'un des délicieux textes écrits par Francis Blanche pour le *Carnaval* juché sur l'éléphante, position un peu acrobatique, mais surtout très inconfortable, la largeur du cou de l'animal forçant les muscles des cuisses jusqu'à donner des crampes. De surcroît, la bête remontait régulièrement sa trompe jusqu'à mon entrejambe. On n'a pas idée de la puissance d'aspiration d'une trompe d'éléphant tant qu'elle ne s'est pas trouvée à quelques centimètres des organes de votre virilité. Son dresseur me recommanda de lui ordonner de cesser en allemand, et même de l'injurier dans cette langue. Le remède ne fut qu'à demi efficace, et je dus dire mon texte entre deux coups sur la trompe éléphantesque, tandis que Cyril en suivait les mouvements pour ne me cadrer qu'en plan serré chaque fois que le tuyau maudit s'approchait à nouveau de mon entrejambe.

M6 mit fin à *Revenez quand vous voulez* en mai 1989 pour la remplacer par des séries américaines usées jusqu'à la trame, et donc de faible coût. À ma connaissance, c'est une des rares émissions de ce type dont les gens mentionnaient le réalisateur. L'écriture puis le cinéma devinrent le centre des préoccupations agitées de l'auteur puis du cinéaste des *Nuits fauves*. Il y eut d'autres conversations, mais c'étaient les mêmes : la paix, oui, mais non. La production difficile, puis la réalisation de son film le dévoraient. Nous nous vîmes moins souvent. J'appris sa mort en apercevant la Une de *Libération* dans un aéroport. Me revint en mémoire que, lorsque je lui avais donné à entendre le *Requiem* de Fauré avant une émission où nous en avions programmé un extrait, il m'avait dit en me rendant mon disque : « Tu vois, dans ce requiem, on dirait que la mort s'excuse. »

# Le Monténégrin magnifique

Comment Paris baptise-t-il ses rues ? La trace laissée dans l'Histoire semble sans rapport avec l'importance de l'artère. On a donné le nom de Colbert à un tronçon de moins de cent mètres où l'on ne voit personne aux fenêtres des rares immeubles et au bout duquel son vieil adversaire Louvois a son square orné des majestueuses statues de la Seine, de la Loire, de la Garonne et de la Saône, tandis que s'y rencontre la longue rue autrefois « rue Royale » rebaptisée en l'honneur de son prédécesseur « rue de Richelieu ». Du vivant de l'auteur des *Misérables*, une majestueuse avenue lui fut dédiée. Il y habitait et on écrivait « à Monsieur Victor Hugo, *en son avenue* ». Pour Chateaubriand et Balzac, deux raidillons au flanc de la butte de l'Étoile ont été jugés suffisants. Il fallut vingt ans pour achever les trois kilomètres du boulevard large de trente-trois mètres sur lequel plastronne le baron Haussmann. Rambuteau, son devancier et précurseur, qui s'employa à donner aux Parisiens « de l'eau, de l'air et de l'ombre », a laissé son nom à un petit kilomètre de voie. Nicolas de La Reynie, qui inventa leur métier et l'exerça pendant trente ans sous Louis XIV, doit se contenter des cent soixante-quinze mètres de l'ancienne rue Troussevache. Mozart a son avenue claire et arborée dans le bourgeois 16e arrondissement, Bach est relégué au fin fond de l'est de la capitale, Lulli a trente-huit mètres de bitume près de son ancien hôtel, Debussy en a cent vingt, exilés entre deux rangées d'immeubles sans joie de l'extrême ouest de la ville, et on a donné le nom de Beethoven à l'ancienne montée des Bonshommes, qui ne va nulle part et butte contre un escalier. J'y ai passé dix-huit mois avec Frédéric Rossif. Il y réalisait le montage de *De Nuremberg à Nuremberg*.

Nous nous étions connus en 1984, à la Mostra, à Venise, où je représentais *L'Express*. Comment ne pas chercher la compagnie de cette légende de la télévision, de cette figure du cinéma d'histoire ? L'un des pères de *Cinq colonnes à la Une*, le créateur de *La Vie des animaux* qui rassemblait tout ce que la France comptait de téléspectateurs. L'homme qui donnait des images à l'Histoire contemporaine à une époque où l'image était rare : celles de la révolte du ghetto de Varsovie, de la guerre d'Espagne, de la Russie d'Octobre et d'après Octobre, de l'implantation conflictuelle de l'État d'Israël, des interrogations sur les États-Unis. Légende, il l'était comme pionnier, mais sa personne était tissée de mystère. Né au Monténégro, arrivé en Italie, disait-on dans les bagages de sa tante, la reine Hélène, épouse de Victor-Emmanuel et fille du roi Nicolas I^er^, engagé dans la 13^e^ demi-brigade de la Légion étrangère française, débarqué à Saint-Tropez avec de Lattre, prisonnier après la bataille d'Alsace, orphelin dont toute la famille avait été massacrée par les Allemands, ouvreur à la Cinémathèque, videur dans un club de Saint-Germain-des-Prés et travailleur posté chez Citroën… Revenant sur la période où il avait jeté l'ancre à Paris, il avait lâché : « Tout le monde meurt à la guerre : celui qui reçoit la balle et celui qui l'a tirée. Après, ou tu deviens ancien combattant, ou tu passes l'éponge pour recommencer de rien : pour renaître. »

Son apparence allait avec sa biographie : déceler du fauve en lui était une facilité qui découlait de ses films animaliers, mais elle contenait du vrai. Il était extrêmement vivant. Grand, massif, un visage chauve d'un large ovale tirant sur le rectangle où le front prenait une place proéminente, un regard bleu soutenu et volontiers narquois, une voix grave avec ce qu'il fallait d'accent, vêtu le plus souvent de noir et affectionnant une de ces longues vestes de Yamamoto qui lui donnait une allure sacerdotale, en tout cas majestueuse, et, avec ça, curieux de tous, le plus allant du monde, pour peu qu'il vous ait trouvé intéressant, et le plus généreux, pour peu qu'il ait decelé en vous un embryon de talent ou qu'il vous ait entendu proférer une idée originale.

Je connaissais assez bien Venise, pour être souvent venu naguère y travailler avec Franco et Franca Basaglia (lui psychiatre, elle sociologue), Robert et Françoise Castel (lui sociologue, elle psychiatre), Stanislaw Tomkiewicz (chercheur et psychiatre pour adolescents) et quelques autres avec qui nous projetions de monter un groupe d'études européen sur le traitement des maladies mentales. J'en avais gardé quelques adresses de trattorias pour Vénitiens, Frédéric en connaissait d'autres et nous jouions à nous surprendre et, si possible, à nous épater. La musique était un point fixe de nos conversations, qui se poursuivirent épisodiquement à Paris. Il me fit découvrir la voix de vaincu de l'amour du Napolitain Roberto Murolo et les chansons composées dans sa jeunesse par Jorge Luis Borges ; il me donna à partager l'étonnement admiratif dans lequel le plongeait l'insubordination féconde de la danseuse Sylvie Guillem, et à attendre la prochaine surprise que réservait cette autre indomptable, Martha Argerich. Il les avait filmées l'une et l'autre.

En 1986, je lui annonçai au cours d'un déjeuner que mes désaccords avec le propriétaire de *L'Express*, le tycoon sir James Goldsmith, et avec les indignes successeurs de Jean-François Revel à la tête de l'hebdomadaire venaient de me valoir la porte. « Excellente nouvelle ! » fut sa réaction. Elle me parut désinvolte, je le laissai paraître. « Excellente nouvelle, car j'ai un travail à vous proposer. » Un documentaire sur le régime nazi en quatre parties de cinquante-deux minutes, à partir du rassemblement de masse organisé par Goebbels à Nuremberg en 1935 baptisé *Le Triomphe de la volonté*, jusqu'au tribunal international devant lequel comparurent, dix ans plus tard et dans la même ville, vingt-quatre des principaux responsables de ce Reich qui devait être millénaire.

La capacité de Frédéric à orpailler des documents, à en dénicher dans tous les pays qu'il traversait, *Mourir à Madrid* ou *Un mur à Jérusalem* l'avaient suffisamment démontrée. Parmi ceux qui devaient servir à notre projet, il s'en était procuré certains en Union soviétique en négociant avec des généraux du KGB qu'il avait connus capitaines lorsque, pour *La Vie des animaux*, il échangeait avec eux des images de bonobos du Congo, de springboks du Botswana, ou de pintades de Numidie contre des plans de zibelines de Bargouzine, de pygargues empereurs du détroit de Behring ou de tigres de l'Oussouri. Une autre source d'approvisionnement venait des archives nazies : persuadés de leur invincibilité et de l'excellence de leur idéologie, et très en avance sur l'usage des caméras à des fins de propagande, les hitlériens avaient filmé non seulement toutes leurs actions guerrières, mais toutes les exactions commises par eux au nom de la supériorité de leur race. Le reste des archives provenaient des cinémathèques militaires des alliés, de pellicules maladroitement tournées dans le feu de l'action par des résistants de divers pays, de bandes d'actualités ou de multiples autres origines. Frédéric en avait commencé le tri en fonction de quatre temps forts : « La Fête et le Triomphe », « Le Temps de la Résistance », « Le Tournant décisif » et « La Défaite et le Jugement ».

Mon travail consistait à établir un script qui répartisse les événements dans ces quatre catégories. Nous en vérifions la cohérence avec les images dont Frédéric disposait et nous avancions jusqu'à quelque chose qui ressemblait pour chaque chapitre à un bout à bout. Le moment était alors venu pour moi d'écrire le texte du commentaire. D'emblée, nous en avions banni toute expression d'émotion, d'indignation, de condamnation ou de quoi que ce fût qui aurait consisté soit à prendre la pose d'une âme noble cinquante ans après la défaite allemande, soit à exprimer à la place du spectateur le sens, la portée et la nature des faits que nous rapportions. Je faisais la chasse aux adjectifs et la guerre aux adverbes. Après quelques mois, et bien que la production eût prévu pour dire mon commentaire un excellent comédien – de surcroît un ami –, nous tombâmes d'accord pour ne pas risquer que la narration soit surjouée, et, puisque le récitant envisagé n'avait pas encore été formellement contacté, c'est moi qui enregistrerais mon texte, en veillant à garder le ton le plus neutre.

Au montage, Marie-Sophie Dubus connaissait son Frédéric sur le bout du doigt. Dominique Cazeneuve, qui prenait parfois le relais, n'était pas en reste. Ma présence n'était pas nécessaire, Frédéric la jugeait utile parce qu'il aimait confronter ses choix à l'opinion de sa monteuse et de son auteur. De toute façon, ne l'aurait-il pas encouragée que j'aurais bataillé pour passer mes après-midis dans cette salle inconfortable et mal aérée de cette non-rue sinistre d'un quartier sépulcral où aucun bistro ne pouvait accueillir un moment de détente. Le voir organiser les plans, revenir sur l'un d'entre eux parce qu'il y trouvait un grumeau qu'il nous demandait – en vain – de l'aider à identifier, reprendre une séquence pour en enlever ce qu'il appelait le gras et qui ne nous était perceptible qu'après qu'il avait fait opérer le bistouri de Marie-Sophie ou les ciseaux de

Dominique, rendre un enchaînement lumineux parce qu'il avait vu soudain qu'il fallait en inverser les étapes, renoncer à une « belle » image parce qu'elle n'apportait aucun contenu supplémentaire au récit, voire qu'elle le parasitait, tout le spectacle de Frédéric au travail avait une clef. Il me la donna un jour en citant en modèle une phrase de Saint-Exupéry donnant à voir les massacres de la guerre d'Espagne : « Ici, on fusille comme on déboise. »

À l'automne 1987, notre copie était prête et l'état-major d'Antenne 2 fut invité à un visionnage. Ne vinrent qu'une poignée de costumes-cravates de l'étage des décideurs, dont plusieurs nous avertirent qu'ils ne pourraient pas rester jusqu'à la fin de la projection : « Vous comprenez, en ce moment… tellement de boulot… j'aurais pourtant bien aimé, croyez-moi… regarder des films pendant quatre heures… ça me ferait des vacances… » Restèrent donc ceux à qui leur charge de travail laissait le loisir de faire leur devoir, qui, après tout, consistait à visionner à l'avance ce qui risquait d'être mis à leur antenne. Leurs compliments eurent l'accent de la sincérité mais ils les lestèrent d'un « malheureusement, ce n'est pas nous qui décidons ». Il y avait donc matière à une décision qui dépassait les décideurs. Nous apprîmes qu'elle serait prise par le président. Celui d'Antenne 2, pas celui de la République, quoique ses collaborateurs en parlassent comme s'il se tenait un échelon au-dessus du plus haut magistrat du pays. Ce puissant archonte nous fit savoir par sa préposée à la communication que *De Nuremberg à Nuremberg* ne pouvait pas être diffusé par sa chaîne. Une raison avait emporté sa décision : en l'état, ce documentaire ne pourrait pas être mis à l'antenne avant la fin de l'hiver et, à coup sûr, l'un des candidats à l'élection présidentielle du printemps prendrait ombrage de la diffusion de quatre heures sur le nazisme et les horreurs et les compromissions de la Seconde Guerre mondiale si près des dates du scrutin. Le service public dont il était le gardien ne pouvait pas se trouver au centre d'une polémique sur le respect de sa neutralité. Tant de prévenance à l'égard du représentant du Front national nous étonna, mais le cabinet du président prévint notre producteur qu'après l'élection, à l'automne 1988, on pourrait en reparler. L'argument lui fit décider de ne pas chercher la bagarre : le principal de la rémunération provenait de la diffusion. La compromettre, c'était renoncer à rentrer dans ses frais, voire pis.

Nous revînmes donc à l'assaut à l'automne suivant. D'abord le cabinet nous recommanda d'attendre. Quand il devint clair que nous n'accepterions pas de rester plus longtemps dans le flou, la conseillère du président nous annonça que, tout bien pesé, son suzerain ne souhaitait pas mettre à l'antenne un documentaire « qui pouvait raviver les dissensions entre les Français ». Je hasardai une question : le père et le frère du président, remarquables historiens, n'avaient-il pas, dans leurs ouvrages l'un sur la guerre de Cent Ans et sur Jeanne d'Arc, l'autre sur la préparation de la revanche de 1871, assumé un risque comparable ? L'argument fit long feu.

À partir de ce refus, nous nous lançâmes dans une campagne de visionnage destinée à ébranler le président *cunctator*. Tous nos carnets d'adresses y passèrent : journalistes et cinéastes amis, militants des droits en tout genre, membres de la communauté juive, universitaires, artistes, dont Montand, qui m'apostropha avant la projection d'un : « Tu le dis, petit, que c'est l'essence fournie par Staline qui a servi à bombarder Londres, tu le dis, hein… » Et, comme j'étais assis à son côté, lorsqu'il entendit ma voix énoncer cette vérité dans le commentaire, il me broya la cuisse : « Tu l'as dit, hein, tu l'as dit ! » Michel Rocard, que j'avais informé de la situation, ne voulait pas intervenir directement auprès du patron d'une chaîne publique. C'eussent été des mœurs mitterrandiennes. Il me fit organiser une projection et y invita ses amis. Rien n'y fit.

Tout bascula lorsque Armand Jammot, producteur des populaires *Dossiers de l'écran*, revint d'une longue convalescence. Pendant son absence, il avait appris que les autres barons d'Antenne 2 avaient commencé à lorgner sur ses créneaux horaires. Pour marquer qu'il fallait toujours compter avec lui, il décida de faire valoir les droits de préemption que lui reconnaissait son contrat sur les documentaires produits par la chaîne, comptant que le nom de Rossif lui garantirait une audience notable et ambitionnant, pour le traditionnel débat qui concluait *Les Dossiers*, de n'inviter nul autre que François Mitterrand et Helmut Kohl. Pendant que cette invitation… abracadrantesque se perdait dans les couloirs des palais gouvernementaux, *Nuremberg*, remonté jour et nuit en hâte pour passer de quatre fois une heure à deux fois une heure trente, fut programmé pour deux soirs successifs de novembre. Lorsqu'elle vit passer cette information, la toute nouvelle directrice des programmes de la chaîne partit en vrille. Pas question de diffuser un film sur le nazisme à 20 h 30, les téléspectateurs allaient fuir. Au diable le contrat de Jammot, on s'expliquerait plus tard, renvoyez-moi ce documentaire aux calendes grecques. Sa plus proche collaboratrice, chargée de la communication, lui rappela que les magazines spécialisés recevaient les grilles de programme cinq semaines à l'avance et qu'ils étaient déjà en possession de celle qui mentionnait le jour et l'heure de diffusion de notre film. Que sa première décision de directrice soit d'annuler un film de Frédéric Rossif sur la Seconde Guerre mondiale serait une mesure difficile à expliquer et un faux pas qui réjouirait tous ceux et toutes celles qui avaient daubé sur les raisons de sa nomination et la fiabilité de ses capacités à exercer sa tâche... Elle se résigna donc de mauvaise grâce, ne laissant organiser qu'une seule projection pour la presse, qui y vint nombreuse et publia des articles très favorables. Le commentaire le plus intéressant était signé d'Yvan Audouard, dans *Le Canard enchaîné* : en comparant notre travail à celui du librettiste et du compositeur d'un opéra, il nous éclairait sur notre propre collaboration.

Le lendemain matin de la diffusion de la première partie de *De Nuremberg à Nuremberg*, je trouvais sous ma porte le relevé d'audiences réalisé par Nielsen. Un ancien de *L'Express* passé dans cette société de mesures pour l'audiovisuel l'avait obligeamment glissé avec un mot de félicitations. De fait, l'audience atteignait des sommets et le taux d'adhésion, qui mesure le pourcentage de téléspectateurs n'ayant pas quitté le film jusqu'à la fin, s'établissait à 96 %. La diffusion de la seconde partie ne fit qu'affermir ce succès. Au cours du dîner, ce soir-là, Rossif avait brassé des projets : refaire ensemble un film, cette fois-ci sur Staline et le régime stalinien, tourner une série d'entretiens avec le Nobel et compagnon de la Libération François Jacob, dont il était devenu l'ami… À l'heure où nous sortîmes de table, *De Nuremberg à Nuremberg* venait de battre pour très longtemps un record d'audience. Chemin faisant – nous habitions à huit cents mètres l'un de l'autre –, j'éprouvais de la mélancolie et de la joie. Frédéric traduisit l'une et l'autre en rompant le silence, « Eh bien, Philippe, nous l'avons fait… », suivi d'une tape appuyée sur l'épaule. Cinq mois plus tard, son cœur lâchait. Au cimetière du Montparnasse, sous une pluie incessante qui ne découragea aucun des présents, François Jacob salua « son élégance d'anarchiste et son laisser-aller d'aristocrate ».

À l'angle de la rue de Charenton et de la rue Charles-Nicolle, dans le 12e arrondissement, et plus précisément dans ce que l'on appelait l'îlot Saint-Éloi, Frédéric Rossif a donné son nom à un square. Il n'est guère spacieux : mille deux cents mètres carrés. Mais on y trouve deux fontaines…

# Le mari d'Hélène Desproges

Pierre et moi nous sommes aimés grâce à la chanson. Je l'ai connu dans le studio d'une émission de télévision où nous étions invités l'un et l'autre. J'animais et produisais alors à France Inter une émission hebdomadaire plutôt humoristique, *Télescopages*. À cette époque, les producteurs n'étaient pas tenus de prendre exclusivement les chansons qui émaillaient leur programme dans une « play-list » établie par des responsables rarement insensibles aux sollicitations des maisons de disques, et je choisissais toutes celles que je diffusais. L'émission où nous étions conviés était un barnum hebdomadaire tenu (ou plutôt pas tenu) par Michel Polac à TF1, *Droit de réponse*. On nous plaça à la même table. En attendant que commencent les jeux du cirque, Pierre me remercia d'emblée de lui avoir fait découvrir une chanson de Pier Paolo Pasolini et Mános Hadjidákis, « I ragazzi giù nel campo », interprétée de sa voix rauque et râpeuse par Anna Prucnal. « *I ragazzi giù nel campo / Non si curano del tempo / Ma si buttano dentro i fiumi / Per pescare la croce premio...* » « Les garçons là-bas dans le champ / Se moquent du temps qu'il fait / Mais ils se jettent dans les rivières / Pour pêcher la médaille... »

*Droit de réponse* alla son train de déraillement en déraillement. Le thème en était « La télévision en procès ». À peine un an après l'élection de François Mitterrand, une certaine droite, encore groggy, cherchait toutes les occasions de sonner le tocsin et essayait tous les sujets qu'elle croyait susceptibles de lui redonner la main. *France-Soir*, propriété de Robert Hersant, tablant sur cet exercice si français de débiner l'étrange lucarne, avait soumis à ses lecteurs un questionnaire de satisfaction des programmes des trois seules chaînes, toutes publiques. Il en était ressorti un titre sur six colonnes : « 92,8 % trouvent la télé moins bonne ». Pour réagir à cette information controuvée et dépourvue de contenu, le plateau réunissait, outre le patron du quotidien, un député RPR, un député socialiste, une journaliste canadienne, une gloire de la télévision en noir et blanc, un critique du *Figaro*, un animateur de radio, un rédacteur en chef d'hebdomadaire, un expert en sondages, une actrice (qui ne dit pas un mot pendant quatre-vingts minutes), votre serviteur, en la qualité de responsable de la rubrique Médias de *L'Express*, et Pierre Desproges. Ce gloubi-boulga s'exténua en brèves de comptoir en se chicanant la parole dans l'un de ces débats de coqs dont *Droit de réponse* aura été l'ancêtre. Le tour de Pierre ne vint qu'au bout d'une heure. Brandissant un numéro de *Télé 7 Poche* dont il avait barbouillé au feutre le personnage en couverture en lui dessinant une moustache, une paire de cornes et divers accessoires, il se livra à une analyse dévastatrice des programmes, célébrant les plus plats d'entre eux avec un sérieux papal et donnant aux autres des développements absurdes. Ce fut le seul bon moment de la soirée. Aussi pressé que moi de filer sans demander son reste, il me proposa d'aller boire un verre dans sa maison voisine, rue de la Mare. Je devais avoir d'autres occasions de constater à quel point Desproges recherchait la compagnie et la suscitait en toutes circonstances.

Rue de la Mare, Hélène nous attendait. À l'évidence, elle n'était pas Mme Desproges, elle était Hélène. Leur compérage sautait aux yeux. Dans l'une de ses *Chroniques de la haine ordinaire*, Pierre devait, pour mieux célébrer son épouse, faire semblant de décrire l'Hélène qui troubla Pâris et déclencha la guerre de Troie : « Petite et porcelaine, elle ondulait pieds nus sur le marbre blanc, les seins pointillant sous la soie trouble, le cul ferme et décidé, posant sur l'Achéen le regard sacrilège de ses yeux éméchés. Les hommes d'acier parfois laissaient la guerre pour fondre au feu terrible de son sourire à bouche offerte où se lisait estompée l'inoubliable promesse des plus vibrants paroxysmes. »

« Porcelaine » rendait bien la délicate apparence de cette jeune femme menue, mais porcelaine très résistante, presque incassable. En 1968, étudiante aux Beaux-Arts de Nantes, la dernière des filles Mourain se coiffait en tresses et portait un béret vert céladon. Jacques Catelin, ami majuscule, avait traîné Pierre en Vendée dans l'espoir de l'aider à émerger d'une poisseuse peine de cœur. Au-delà de cet épisode assez récurent dans sa vie de l'époque, le futur Desproges ne savait que ce qu'il ne voulait pas. Il était à la dérive, il buvait trop, fumait trop, parlait trop, se dispersait trop. Il avait essayé trente-six métiers, trente-six misères. Il avait 29 ans, Hélène 21. En 1968, donc, Catelin, familier de la famille Mourain et de leur coin de Vendée, fait entrer la jeune demoiselle Mourain, de Challans, capitale du « Marais breton », dans la bande de copains qu'il a emmenée avec lui et qui, à Paris, partage les soirées de l'appartement que les deux amis fraternels occupent rue Godot-de-Mauroy. La connivence des deux futurs naît dans la même passion pour Brassens. Même si les parents Mourain et les sœurs aînées d'Hélène, passionnés de théâtre, laissent parfois leurs œillères de côté quand il s'agit d'expression artistique, le pornographe du phonographe n'est pas, en ce temps-là, l'idole des familles catholiques vendéennes. Les tourtereaux connaissent ses chansons par cœur et Pierre, qui a longtemps rêvé d'être chanteur, les interprète en s'accompagnant à la guitare. Comme on dit dans les romans-photos dont Desproges a été un temps l'un des rédacteurs, une idylle s'ébauche, mais hélas, il faut bientôt se séparer. Rentré à Paris, il lui écrit sans désemparer : « J'ai un besoin impérieux de t'être nécessaire et vital et primordial. J'en ai tellement marre de me disperser, marre de cette "turbulence heureuse et désolée". » Ou encore : « Hélène, je suis complètement désorienté sans toi, je m'ennuie à bâiller, les sacro-saints copains ne comblent qu'à demi ma solitude. Il est tout à fait absurde que tu respires ailleurs qu'ici. Annonce-moi que tu arrives, que j'aie le temps de prendre le temps de t'attendre. » Elle commence à envisager de renoncer aux Beaux-Arts pour le retrouver à Paris. Il veut l'épouser ; les parents renâclent. Elle n'a rien connu de la vie, et puis, pour des catholiques affirmés comme eux, épouser un divorcé… Pierre exhorte Hélène à plaider sa cause : puisque son premier et bref mariage n'a pas été célébré à l'église, il est « célibataire aux yeux du Vatican ». Ils se marient en décembre 1969, mettant devant le fait accompli des parents qui feront contre mauvaise fortune bon cœur.

Hélène comprend Pierre. Elle le comprend et elle lui procure une tranquillité d'esprit et une affection qui lui permettent de commencer à trier ses aspirations et à piloter sa vie. Pierre n'a pas titré pour rien l'entretien qu'il a donné à ses amis Riou et Pouchain « La seule certitude que j'ai, c'est d'être dans le doute ». Il vivait dans les affres de l'incertitude. À l'école, qui aurait dû être son milieu quasi naturel, vu le métier de son proviseur de père, et dont il ne percevait que les obligations répétitives ; à l'armée, lorsqu'il fit son service en Algérie, sans rien comprendre de ce qu'on lui voulait (sauf qu'il ne le voulait pas) ; dans la vie, dont aucun des moyens de la gagner ne lui paraissait avoir du sens ; et même lorsque le succès est venu et qu'Hélène l'avait débarrassé des angoisses inutiles ou parasitaires. Il se réveillait au milieu de la nuit pour noter une idée propice à l'un de ses réquisitoires des *Flagrants délires*. Il sollicitait, quelquefois par la provocation, l'opinion des gens qu'il appréciait et s'assurait qu'ils lui donnaient leur véritable avis. Un rien pouvait le déstabiliser : lors de l'arrivée à l'antenne de FR3 de *La Minute nécessaire de Monsieur Cyclopède,* j'avais écrit un article qui commençait par « un malheur n'arrive jamais seul » et se poursuivait en une critique rédigée à contrepied dont il était facile de comprendre qu'elle n'était qu'un procédé qui utilisait l'absurde pour dresser l'éloge de son humour irrespectueux. Il m'appela, très agité : « Mais tu as aimé, hein, c'est ça que tu veux dire, tu as aimé ? » Je suis – vantardise dont je ne me lasse pas – la seule personne vivante, ou même morte, à qui il ait donné à dire en public un texte de lui parce qu'il s'était trompé dans son agenda et avait pris deux engagements le même jour. Il avait écrit une fable, *Le Coq et la Poule*, que je suis allé réciter devant une minuscule convention. À distance, il avait plus le trac que moi ! Il m'a téléphoné avant pour me conforter, et après, pour me demander comment ça s'était passé et comment le texte avait été accueilli. Mais ces angoisses-là étaient inévitables, utiles, motrices et, dans le tourbillon de ses appréhensions d'auteur, puis d'interprète, Hélène était sa boussole, sa pierre d'angle, son seul indéfectible repère. « Depuis nous, je suis heureux comme un cocker assoupi sur un pull mohair près d'un feu d'olivier. C'est kékchoss. »

La chanson les avait rapprochés, la cuisine, la cave et le goût des tablées d'amis consolidèrent leur affection. Hélène avait le nez fin, le gosier très sûr et n'aimait pas boire seule. Les fourneaux ne la rebutaient pas et, comme Pierre n'était ni agueusique, ni anosmique, ni fainéant, le tour de rôles sans règles qui s'instaurait entre eux pour descendre à la cave ou tenir le manche de la casserole ne contribuait pas peu à la félicité de leurs convives.

Les parents Mourain sont des catholiques actifs et engagés dans la vie sociale et culturelle. Un peu raides, et vivant dans l'une de ces villes de province que Mauriac qualifiait de « désert sans solitude » où chacun est une victime potentielle du jabotage de tous, mais pas bigots pour autant. Comme le dit leur Église à l'époque, ils sont convaincus qu'il faut « aller au monde » et que les valeurs de l'Évangile se vivent au milieu de la cité. Ils croient à la nécessité d'esprits bien formés et, pour le père Mourain, chapelier et marchand de confection, cela passe par les livres et le théâtre. Il sera d'ailleurs l'âme de l'édification du théâtre de Challans, le théâtre du Marais, dont il dessinera les plans intérieurs en s'inspirant de ceux de l'Odéon. Leur Église dispute au Parti communiste la conquête des esprits et des cœurs et, partout dans le pays, ils sont en compétition pour le patronage des associations, des mouvements de jeunesse, des clubs sportifs, des cinémas et des salles de spectacle. Certes, la Vendée n'est pas très rouge, mais c'est quand même dans certains cantons un pays clémenciste et laïcard. On ne relâche donc pas son effort et on y multiplie les activités artistiques et littéraires.

Hélène vivra son enfance dans cette atmosphère amie des arts. Dans le livre qu'elles consacreront à leur père, après la mort de leur mère, qui l'avait mis en chantier, ses filles écrivent : « Dans les lettres qu'Hélène reçoit, elle repère vite la plume du jeune homme. Elle ne doute pas un instant qu'il peut en faire quelque chose et l'encourage à proposer ses textes, à faire lire ses chansons. Première lectrice, elle s'improvisera manager au fil du temps. Plus tard, quand il sera occupé à tailler ses chers rosiers, c'est elle qui négociera ses contrats. Lui se définissait comme un écriveur au sens artisanal du terme, elle comme la femme d'artisan qui tient la boutique. » Et elles concluent sur cette déclaration de leur père à leur mère : « Ma femme est violemment monogame. C'est la femme d'un seul homme. J'adore dire ça, car bien sûr il y a une part de provocation. Si ça se trouve, pendant que je parle, elle est en train de me tromper avec un garçon coiffeur, mais je me plais à croire qu'elle est violemment monogame. Et c'est quelqu'un dont je suis très très amoureux depuis quinze ans et je crois, je suis même sûr, que c'est réciproque. C'est vraiment mon meilleur complice, mon meilleur copain, mon meilleur critique, ma meilleure maîtresse et ma meilleure mère de mes enfants. Bon, bah, si elle est sincère elle aussi, elle dira il est intolérant, il est dur à vivre, il est maniaque, mais sinon pour le reste elle est persuadée que je suis quelqu'un d'intéressant. »

Lorsque le cancer commence à ronger Pierre, Hélène veille à tout. Elle organise leur vie de manière qu'il puisse jouer jusqu'au dernier moment, que l'inquiétude ne le corrode pas. Elle l'accompagne dans toutes ses tournées. Elle se débrouille pour lui trouver des golfs sur le trajet qui les conduit aux salles de spectacles, puisque Pierre s'était passionné pour ce sport et qu'il y avait même converti Renaud, pour qui il s'était pris d'affection. Le jour de sa mort, prévenus par un coup de fil à Europe 1 d'un employé de l'Hôpital américain, paparazzi et journalistes font le siège de la maison où les Desproges se sont installés quelques années plus tôt, à Chatou. Hélène doit organiser l'enterrement au plus vite, pour que les charognards cessent de tourner autour de la maison, où ses filles de 13 et 11 ans réalisent à peine la perte de leur père. C'est Renaud qui trouvera la solution et obtiendra, via l'Élysée, une concession au Père-Lachaise, en face de la tombe de Chopin.

C'est encore Hélène qui empêche le pillage des textes, des sketches et des images de Pierre, comme ça a été le cas pour Coluche, car ils ont été nombreux à lui demander de leur confier ses textes. Pierre les mettait au coffre-fort et disait à sa femme et à ses filles que c'était leur assurance-vie ! Elle a vu arriver les vautours et les rapaces de partout. Elle a fait vivre ses écrits, car elle savait que c'était un écrivain qui avait besoin d'être interprété, et les années en ont apporté la preuve. Pour le dixième anniversaire de sa disparition, Hélène a produit pour Canal+ une soirée pour laquelle elle cherchait à réunir une dizaine de comédiens, auxquels elle m'avait adjoint, pour interpréter des sketches de Pierre. Dès la nouvelle connue, les candidats se bousculèrent, sauf pour interpréter son texte contre le football et les footballeurs, dont seul Philippe Torreton accepta de se charger. Presque quinze ans après sa mort, au théâtre de la Ville, une troupe dirigée par Michel Didym a joué *Les animaux ne savent pas qu'ils vont mourir*, et le spectacle a tourné dans tout le pays. En 2008, Christian Gonon, sociétaire de la Comédie-Française, profite de la « carte blanche » dont jouissent les comédiens de la troupe pour proposer une lecture publique d'un montage de textes de Pierre. L'accueil du public et celui de ses camarades conduisent Christian à retravailler le projet et à donner un florilège qu'on lui demande encore, quinze ans après sa création. Lorsqu'il l'a interprété au Théâtre éphémère, où avaient été transportés les spectacles de la salle Richelieu en travaux, j'avais, pour revoir la dernière de son spectacle, rendez-vous avec Marie et Perrine, dont Hélène disait, dans ses moments de feinte colère, qu'elle aurait mieux fait d'avoir des poissons rouges, surnom qui leur est resté, au moins pour moi.

Comme d'habitude, les poissons rouges étaient en retard. Appuyé contre un des murs du bâtiment de bois, j'observais le flux des spectateurs, résigné à ne les voir arriver qu'au dernier moment, comme d'hab, avec sur le museau un air si maladroitement contrit que j'en riais d'avance. Pour tromper l'attente, j'épluchais la foule du regard. Plus du tiers et pas loin de la moitié de ses membres avait moins de cinq ans, un quart de siècle plus tôt, lorsque tomba ce communiqué : « Pierre Desproges est mort d'un cancer. Étonnant, non ? » Un bon nombre d'entre eux n'était même pas né en 1988. Si habitué que je sois devenu, au fil des ans, aux si divers témoignages d'attachement envers l'auteur des *Chroniques de la haine ordinaire*, la jeunesse de cette cohorte dévoilait la pérennité de cette affection admirative. Le sourire un peu déconcerté de Pierre me parut flotter au-dessus de celles et ceux qui se pressaient pour l'entendre dans la bouche de rien moins qu'un sociétaire de la vénérable et tricentenaire institution. Marie et Perrine arrivèrent juste avant que les portes ne se ferment.

Trente ans après sa disparition, les jeunes qui ont découvert ses sketches et qui n'étaient pas nés quand Pierre est mort le considèrent comme un élément de leur patrimoine. Tous les ans, les bureaux des élèves de différentes grandes écoles envoient des montages de textes pour les donner dans l'une de leurs fêtes. Hélène surveillait cela attentivement, pour qu'on ne les dénature pas. Un jour, elle m'a invité à dîner sur la péniche qu'elle habitait, près du pont de Saint-Cloud. Après avoir bu un excellent champagne (elle était au moins aussi connaisseuse que Pierre), elle m'a montré un montage de textes fait par le bureau des élèves de HEC, qui voulait en faire un spectacle de fin d'année. C'était remarquable, sans doute le meilleur montage qu'elle ait jamais reçu. Mais, dans l'allusion aux « Filles de Camaret » d'un des textes, ils avaient remplacé Camaret par Paimpol. Nous les avons appelés pour avoir une explication de cette substitution. Ils ignoraient cet incontournable des chansons de salle de garde. Nous la leur avons chantée au téléphone…

En 2010, j'avais reçu mission de faire visiter Paris à un étudiant indien de Mumbai. Il avait souhaité voir au Père-Lachaise la tombe de son compatriote aviateur et industriel, Jehangir Tata, né d'une mère française, ainsi que les dernières demeures d'Édith Piaf, de Maria Callas et d'Héloïse et Abélard. Chemin faisant, nous passâmes devant la tombe de Victor Noir, toujours passablement fréquentée, et j'expliquai en anglais au jeune Indien que le gisant de bronze allongé sur le caveau passait pour donner de la vigueur aux messieurs et de l'ardeur aux dames, pour peu qu'on caresse le renflement très apparent de son entrejambe, d'ailleurs beaucoup plus clair et brillant que le reste de la statue. À quelques pas, deux jeunes garçons s'étaient arrêtés et nous regardaient. L'un d'entre eux tenait une rose. Ils m'accostèrent et me prièrent de redonner mon explication en français. Après m'être exécuté, je demandai à celui qui tenait une rose à qui elle était destinée. « C'est pour Pierre Desproges, nous cherchons sa tombe. » Venu de Lons-le-Saunier, Grégoire, 14 ans, avait découvert les œuvres de Pierre dans la bibliothèque et la vidéothèque de sa mère et, pour son premier voyage à Paris, il avait tenu à venir lui rendre hommage. Je le conduisis en face de Chopin et je lui racontai Pierre.

Aujourd'hui, lorsque je l'évoque, c'est rempli de l'étonnement amusé et joyeux d'une reconnaissance qui va jusqu'aux institutions : il a été joué à la Comédie-Française, la BNF l'honore, des expositions lui sont consacrées, la *Revue des Deux Mondes* se penche sur son œuvre, *Esprit* lui consacre une étude… Il me semble l'entendre rire de cette ascension comme d'une ultime et savoureuse blague. Monsieur Cyclopède aux portes de l'Académie française… Étonnant, non ?

Je l'ai dit, avec Pierre puis Hélène, l'amitié naquit d'un goût partagé pour les mêmes chanteurs et le même répertoire : Brassens, Barbara, Brel, Ferré, Marc Ogeret, Patachou, Les Frères Jacques, Les Quatre Barbus, Mouloudji, Francesca Solleville, Cora Vaucaire, Francis Lemarque, Anne Sylvestre, Colette Magny, Leny Escudero, Catherine Sauvage, Boby Lapointe, Gainsbourg, Montand, Béart, Reggiani, Montero, Vian, Gréco, Leclerc… (Ici, je marque un temps d'arrêt pour que le lecteur puisse s'émerveiller d'une époque aussi riche et qu'il aille découvrir sur la Toile celles et ceux qu'il ne connaîtrait pas.)

On pourrait faire notre portrait à l'âge des copains rien qu'avec les chanteurs que nous aimions de toute notre ardeur et avec ceux que nous vouions à la géhenne. C'est que nous attendions beaucoup de la chanson. D'abord parce qu'elle était à nous. Très peu de nos parents ou des autres adultes partageaient nos admirations. Ensuite, l'univers de la chanson était luxuriant tandis que, publics ou privés, nos lycées étaient napoléonides. Dans certaines de nos familles, il fallait écouter en cachette Ferré (« Les Anarchistes »), Brassens (« Le Gorille »), Brel (« Au suivant »), Ogeret (« Le Condamné à mort »), Catherine Sauvage (« Concerto pour dames seules »), Reggiani (« La Maumariée »). D'ailleurs, à cette époque, il existait à la radio d'État un comité d'écoute qui indiquait sur les étiquettes des disques l'heure de diffusion autorisée (« En journée », « Après 20 heures », « Après 22 heures », « Après minuit »). Et les censeurs ne se privaient pas de sortir leur tampon violet, synonyme d'interdiction totale. « Le Général à vendre », sottie surréaliste signée Francis Blanche et interprétée par les Frères Jacques, fut marqué de la flétrissure violette. Et Prévert, pour « À la belle étoile », où il est question de flics qui assassinent, et Renée Lebas, pour « Paris Canaille », où il est fait allusion à « Des sociétés / Très anonymes / Un député / Que l'on estime ». Une note de service de 1963 déconseilla la diffusion de « Nuit et Brouillard » de Ferrat... Une chanson qui nous rassemble. Ou qui nous divise, car nous ne supportions pas que l'un de nos copains se laisse aller à chanter, sauf pour s'en moquer, une chanson de Sheila, de Sardou ou d'un sirupeux habitué des émissions de variétés de la télé.

À l'âge où l'on se demande qui on est et qui on va être, la désapprobation des parents et la réprobation des aristarques de la Radio nous soudaient et nous constituaient à peu de frais en contestataires, mot qui, à partir de 68, désignera une jeunesse dont les adultes ne comprenaient pas si elle voulait faire la révolution, faire l'amour ou juste faire le mur. Et si nous voyagions peu, le monde nous entrait par les oreilles : Paco Ibáñez, Amália Rodrigues, Lluís Llach, Atahualpa Yupanqui, Pete Seeger, Dylan, tous en marge ou en révolte (sauf Amália, mais quelle voix !). En français ou dans leur langue, ces chanteurs, et j'en ai oublié, nous préparaient à briser le carcan qui devait éclater quelques années plus tard ; ils étaient entre nous un signe de reconnaissance. Ils nous conduisaient ailleurs. La chanson a été notre famille, notre nourrice, notre refuge, notre force, notre pays, notre échappatoire, notre bien commun. La clef des chants nous a ouvert presque toutes les portes.

Avec le répertoire de la chanson, nous partagions le goût des mêmes auteurs, Marcel Aymé, Paul Léautaud, dont je possédais tous les enregistrements en 33 tours de ses entretiens avec Robert Mallet, et, d'abord, Alexandre Vialatte. C'est un écrivain « notoirement méconnu », selon ses propres termes, dont on pourrait dire qu'il écrit chaque année un peu mieux depuis qu'il est mort, tant s'accroît par la grâce du bouche-à-oreille le nombre de ceux qui le découvrent et se demandent comment ils ont pu l'ignorer si longtemps. Vialatte est un éveilleur, ceux qui fréquentent ses livres ont l'œil. Ou plutôt, ils n'ont pas le même œil après l'avoir lu et laissé mûrir en eux ses proverbes bantous, ses fulgurances arvernes, ses regrets des morts, ses miniatures des vivants, ses comptes rendus de lecture, ses méditations sur les ogres et ses considérations imprévisibles sur toute chose, grande, moyenne ou petite. Il sera plus difficile de vendre aux lecteurs des *Chroniques de La Montagne* de la limande pour de la sole, de la peau d'âne aux grains de moutarde pour du galuchat de raie bleue. « Les vacances se composent d'une succession de pluies fines coupées d'orages plus importants. Il peut même arriver qu'il ne pleuve pas du tout. C'est ce qu'on appelle une éclaircie. C'est pourquoi l'homme part en vacances. Il est heureux et a beaucoup d'enfants. Il les assied sur la banquette de façon à coincer les paquets. Le lendemain, les plages sont noires de monde. La mer se couvre de canards en plastique jaune que chevauchent des hommes intrépides. Parfois, ce sont des comptables modèles, parfois des penseurs importants. Les plus beaux ont l'air de monarques avec une grande barbe carrée. Ils donnent l'image qu'eût présentée l'histoire du monde si les rois s'étaient mis à cheval sur des canards. » Alexandre Vialatte est le premier inspirateur de Desproges. C'est une divinité amicale qui n'écrase pas, mais qui inspire, qui ouvre des portes, qui surprend, dont on ne se lasse jamais et qui, en se mettant à distance, a une façon inimitable de rendre les circonstances atténuantes. « Il faut faire confiance aux événements, disait-il, ils ne manqueront pas de se produire ! » Cela pourrait être une des phrases qui éclaireraient la vision du monde de Pierre Desproges.

Vialatte est un esprit tutélaire, source de réconfort et d'inspiration, et qui montre que pour pouvoir rire de tout, il faut beaucoup prendre sur soi. Ajoutons toute la bande des humoristes des années 1950 et 1960. Pierre Dac et Francis Blanche, Pierre Doris et Pierre Repp, aujourd'hui passablement oubliés, Bernard Haller, Raymond Devos et Sol, l'humoriste québécois qui se moquait de la presse et de ses « rétracteurs en chef » et, parmi les dessinateurs, André Frédérique, Sempé, Chaval... Tous ces gens qui jouent avec la langue, avec des situations comiques burlesques ou grotesques, comme celles que créent les gags téléphoniques de Francis Blanche, qui ne cherchent à démontrer ni la bonté ni la méchanceté de l'humanité et se bornent à provoquer des réactions loufoques. Il faut prendre au sérieux le sketch dans lequel Pierre Desproges s'en prend à un critique cinématographique qui a cru pouvoir écrire « C'est un film qui n'a pas d'autre ambition que celle de nous faire rire » et l'apostrophe d'un « Elle est immense l'ambition de faire rire » et conclut par une féroce « Pauvre petit censeur de joie, tu sais ce qu'il te dit, Monsieur Hulot ? ».

Desproges est très loin de ceux qui aujourd'hui, sous le nom d'humoristes, pensent qu'ils promeuvent le bon, le bien, le juste et qu'ils pourfendent le méchant. Pourfendre le ridicule, la veulerie, la méchanceté, Pierre l'a fait, mais il a toujours pris soin, et je crois que c'est là le propre de l'humoriste, de savoir ce qu'il avait en lui du défaut qu'il brocardait chez les autres. Dans l'un de ses sketches, il mène une lutte victorieuse contre un gérant de supérette qu'il contraint, parce que c'est la loi, à ne lui vendre que deux des quatre piles d'un paquet. Rentré chez lui, il s'aperçoit que l'appareil pour lequel il a fait cet achat fonctionne avec quatre piles... Tous les côtés déplaisants de l'humanité qu'il voyait autour de lui, il savait qu'il les avait en lui-même à un degré variable. Cet humour qui se connaît lui-même, chez combien d'humoristes patentés le trouve-t-on aujourd'hui ? Combien disent « mon modèle c'est Pierre Desproges », parmi ceux dont Pierre aurait ridiculisé la propension à prendre la position du missionnaire ?

Et combien partagent son souci de l'écriture ? Depuis toujours, son rapport à l'écriture est un rapport personnel, vital, nécessaire. Il ne cherche pas les « trucs » qui vont faire rire. Il se demande comment donner du style à ce qu'il veut exprimer. Lorsqu'il est amené à brosser le portrait de Jean-Marie Le Pen pour le Tribunal, après avoir digressé plaisamment, il assène : « Il y a plus d'humanité dans l'œil d'un chien quand il remue la queue que dans la queue de Le Pen quand il remue son œil » : la messe est dite ! Quand vint le tour de Patrick Poivre d'Arvor, qu'il tenait pour un concentré de beaucoup d'impostures de l'époque, il a trouvé l'angle : il a pris Poivre par l'un des aspects de sa vanité qui était de se croire écrivain... Il a résumé ainsi le roman pour lequel PPDA se pavanait de studio en studio : « C'est l'histoire d'une leucémique qui tombe amoureuse d'un leucémique. C'est écrit dans un style leucémique ! »

Le critique Marin de Viry a souligné sa construction syntaxique extrêmement savante et il a soutenu que sa langue empruntait à la fois à Saint-Simon et à Michel Audiard. On peut y ajouter le souci de la morphologie. Il avait inventé pour la pluie le mot « pistouille » ! « Une pluie qui pistouille» : cela ne mériterait-il pas d'entrer dans les usages, puis dans le dictionnaire ? Pierre ne s'attache pas aux mots en prof de français. C'est un locuteur exalté. Il partage sa jouissance du mot juste, celui qui exprime exactement une pensée ou un sentiment. Il sait que «bien parler», ce n'est pas parler «comme il faut», c'est avoir les mots pour le dire. Et, comme il se régale des mots, sa jubilation est contagieuse, elle fait sourire, elle crée une curiosité bienveillante.

Pierre ne prescrit rien ou, s'il prescrit quelque chose, c'est, par le jeu avec la langue, une façon de ne pas prendre les choses au sérieux. Cela pouvait énerver. Je me souviens d'avoir vu la haine dans les yeux d'un chanteur et humoriste à la carrière avortée qui finira par courtiser Sarkozy et obtenir de lui un poste de dirigeant à Radio France, un jour où je soutenais que Pierre était apolitique. Furibard, il soutint que cela n'existait pas, que les apolitiques étaient forcément de droite. Pierre avait rétorqué par avance : «Qu'on soit de droite ou de gauche, on est hémiplégique, disait Raymond Aron qui était de droite.» Il sait bien qu'on n'y échappe pas, mais on peut éviter de relever de cette définition qu'Ambrose Bierce donnait du militant : «C'est un militaire qui porte son uniforme à l'intérieur.»

Il n'avait pas d'intention vis-à-vis du public. C'était un individualiste, un sceptique, un anarchiste qui, comme souvent les anarchistes, aimait les règles, mais pas trop, juste ce qu'il faut, et d'abord la grammaire, qu'il vénérait, comme tout ce qui touchait à la langue. Il n'avait d'ailleurs pas l'intention de continuer à monter sur scène et, à la fin, il ne voulait plus le faire. Il voulait confier ses textes à quelqu'un d'autre. Il avait aussi cette idée, comme Brassens, qu'un type « bien » ne fait pas ça ; on ne montre pas son derrière ; chaque fois qu'il disait un gros mot, il pouffait de rire, il le disait dans sa barbe, comme Brassens, qui regardait ses chaussures… comme s'il s'inquiétait de ce que sa mère allait en penser ! Il se vivait davantage comme un auteur que comme un comédien. Il avait beaucoup observé les autres, notamment Thierry Le Luron, dont il avait assuré la présentation à l'Olympia et avec qui il s'entendait très bien, quoique leur humour ait été fort dissemblable. Il avait de la tendresse pour ce type complètement paumé qui ne vivait que pendant les périodes où il était en scène, ou à la télévision. Le Luron avait un côté autodestructeur comme parfois les gens qui sont tout d'un coup touchés par une gloire dont ils savent intimement qu'elle est excessive. Dans sa loge, Pierre avait accroché un bristol sur lequel était écrit : « Vous êtes prié d'assister à la messe d'obsèques de Thierry Le Luron en l'église de la Madeleine », tel jour, telle heure. Et en dessous était imprimé : « invitation valable pour deux personnes ». C'était l'impresario de Le Luron, Paul Lederman, qui l'avait rédigé ! Dans le livre sur son père, Perrine a inséré des quantités de lettres : celles qu'il écrivait à sa mère, à ses copains depuis l'Algérie, à Hélène… Beaucoup de dessins aussi, maladroits et amusants. On voit bien que l'écriture est une façon de surmonter le poids des choses. En les écrivant, on se les approprie, tout en se mettant à distance d'elles. Même dans les petites lettres à sa mère… Très tôt, il a utilisé l'écriture pour enchanter les choses, même les pires, comme ses vingt-huit mois de service militaire.

Quand il aimait quelque chose, il cherchait à le partager. Pour la venue de Paolo Conte, nous nous étions constitués en une espèce d'agence de réclame. Tout comme pour une pièce de Jérôme Deschamps qui se donnait aux Amandiers à Nanterre et qui s'intitulait *La Veillée*. C'était la satire la plus drôle que j'aie connue de l'univers des « cultureux ». Elle avait commencé en ne marchant pas, avant d'enfin connaître le succès. J'espère que nous y avons contribué, en tout cas nous avons constitué une cellule téléphonique et nous appelions tous nos copains pour leur enjoindre d'aller à Nanterre. Une autre fois, Pierre, ayant vu *Tandem* de Patrice Leconte, m'a téléphoné pour m'envoyer le voir, même si l'idée ne m'enchantait pas, au regard des dernières œuvres que j'avais vues de ce cinéaste. J'ai trouvé le film formidable. Pierre m'a proposé de dîner avec Patrice Leconte deux jours plus tard, alors que j'avais éreinté deux de ses films dans *L'Express*. Cela risquait de n'être agréable pour personne. Il m'a convaincu de venir et la soirée, à laquelle participait Antoine de Caunes, le type le mieux élevé de tout le paysage audiovisuel français, fut plus qu'agréable. Pierre adorait composer des tables où l'on rencontrait des gens qu'on n'aurait jamais rencontrés (ni souhaité rencontrer) ailleurs, et avec qui on passait une soirée charmante. Il se comportait comme s'il refusait que chacun prenne ses opinions pour des jugements. Dans cet esprit, il arrivait à amener ses convives à ne chercher en eux que ce qui pourrait leur faire passer la soirée en camarades. À un dîner à Chatou, étaient présents une romancière dont les livres me laissaient très froid, et son mari, tonitruant journaliste politique genre schnauzer qui se prend pour un dogue. Je fus, comme disent les Suisses, « déçu en bien » par le cours du repas et par la conversation générale. Il faut croire que c'était un miracle dû à Pierre : quelques mois plus tard, rencontrant la romancière dans je ne sais plus quelles circonstances, j'allai la saluer en lui rappelant notre dîner commun. Elle me lâcha un « je déteste tout ce que vous faites » et me tourna brusquement le dos.

Après la disparition de Pierre, Hélène, dans sa péniche du pont de Saint-Cloud, avait aussi maintenu en vigueur cette habitude. Elle est morte en 2012, elle aussi d'un cancer, elle aussi à l'Hôpital américain. Je l'ai veillée avec ses filles et avec son amie des jours difficiles, Claudine Derycke. Quelques-uns d'entre nous avaient été conviés à lire un texte à son enterrement. L'un de ses neveux lut Montaigne, à qui Hélène revenait toujours. Je lus, à leurs deux mémoires, un poème d'Henri Michaux qui se termine ainsi :

*Seigneurs de la Mort*
*Je ne vous ai ni blasphémés ni applaudis.*
*Ayez pitié de moi, voyageur déjà de tant de voyages sans valises,*
*Sans maître non plus, sans richesse et la gloire s'en fut ailleurs,*
*Vous êtes puissants assurément et drôles par-dessus tout,*
*Ayez pitié de cet homme affolé qui avant de franchir la barrière vous crie déjà son nom,*
*Prenez-le au vol,*
*Et puis, qu'il se fasse à vos tempéraments et à vos mœurs, s'il se peut,*
*Et s'il vous plaît de l'aider, aidez-le, je vous prie.*

# Un frère adoptif

Nous déjeunions, dînions, voyagions, passions des vacances ensemble, échangions des adresses de bistro, des coordonnées de magasins de bouche, des impressions de spectacles ou des idées de films, enregistrions des présentations de films du patrimoine, cassions du sucre sur les mêmes dos, révérions les mêmes exemples de courage dans l'Histoire ou dans l'actualité, éprouvions le même inconsolable chagrin des hécatombes de 14-18, partagions des camaraderies, des amitiés, des défiances et des aversions, exaltions exagérément nos petites patries, Lyon, pour lui, l'Aveyron, pour moi, nous envoyions des multitudes de courriels, nous passions de constants téléphonages, faisions un pot commun de nos découvertes, de nos questions et de nos colères, et pourtant, aujourd'hui encore plus qu'hier, Bertrand Tavernier m'intimide.

D'avoir été son ami fraternel – l'un de ses amis fraternels – est une bénédiction dont je ne reviens pas. Si je cherche un mot qui circonscrive cet homme si peu fait pour être enclos, c'est « appétit » qui me vient, immédiatement à l'esprit. Appétit fortement teinté de gourmandise. La table était son royaume – l'un de ses royaumes –, et ce fut une grande pitié que de le voir, sur la fin de sa vie, privé de presque tout par la pancréatite qui devait l'emporter. Personne ne veillait avec autant de soin à la cantine de ses tournages. Plus qu'aucun autre, il appréciait les gens selon leur rapport à la nourriture. Lorsqu'il hésita entre deux directeurs de la photo pour *Un dimanche à la campagne*, si Bruno de Keyzer l'emporta, ce fut parce qu'il l'invita à un dîner pour lequel il avait cuisiné magnifiquement un turbot inoubliable. Bertrand m'entraîna dans d'improbables gargotes qui se révélèrent savoureuses aussi bien que dans un restaurant de cuisine allemande dont il me vanta une saucisse au curry, au paprika et à la tomate contre laquelle mes papilles se rebellèrent.

Il avait la même gourmandise des acteurs, qu'il ne laissait à aucun directeur de casting le soin de choisir. Il chérissait leurs troupes. Pour *Que la fête commence*, il offrit ses premiers engagements à celle du Splendid et il alla chercher Nicole Garcia et Jean-Paul Farré dans la bande que menait Jean-Pierre Bisson. Il orpaillait les comédiens en assistant à des représentations auxquelles n'importe lequel d'entre nous n'aurait jamais eu l'idée de se rendre, quand il n'y aurait pas répugné. Pour le petit rôle d'un commissaire qui se prend pour le modèle de Maigret qu'il m'avait confié dans *Laissez-passer*, je partageais ma loge avec deux acteurs. En faisant connaissance, nous nous interrogions sur ce qui nous avait amenés à nous retrouver dans la distribution. L'un de mes deux cothurnes m'expliqua qu'il avait connu pas mal de mauvais moments dans sa carrière, particulièrement lorsque la combinaison d'un divorce orageux et d'une divergence de vues avec les services du fisc l'avait conduit à accepter n'importe quoi pour se refaire. « Tu comprends, j'ai signé pour une pièce pitoyable, genre *Mon cul sur la commode*. Je rasais les murs en allant au théâtre, je rasais les murs en en sortant. Quand Tavernier m'a fait venir à ses bureaux pour le film que nous allons tourner, il m'a sorti : "Vous avez joué dans *Mon cul sur la commode*." Je me suis dit : *Je suis tombé sur l'un de ces metteurs en scène sadiques qui ne vous font venir que pour vous humilier*. Alors il a ajouté : "La pièce n'était vraiment pas terrible, mais vous vous en sortiez très bien"... »

Pour être en faveur chez les précieux ridicules à la fin du XX^e^ siècle et être admis dans les salons des Philaminte de l'époque, il ne suffisait pas de compisser le boulevard, il fallait encore montrer pour la Comédie-Française un mépris désolé : trop poussiéreuse, trop indifférente aux auteurs contemporains, un astre mort. C'est pourtant là, dans le modeste rôle de Thomas Diafoirus, que Bertrand repéra un débutant de 26 ans, Philippe Torreton, auquel il confia bientôt un petit rôle dans *L.627*, avant d'en faire l'incarnation mémorable du *Capitaine Conan*. Cet appétit de théâtre, ce braconnage d'acteurs ne connaissait guère de limites. Laurent Heynemann, deuxième assistant pour *L'Horloger*, et bientôt son ami, lui servit de chauffeur (Bertrand, presque borgne, ne conduisait pas), pour des expéditions vers d'obscurs théâtres de banlieue dont aucun géopositionnement n'éclairait la route. Le défaut d'automédon ne suffisait pas à le faire renoncer. Un soir, rentrant chez moi et écoutant mon répondeur, je trouvais ce message : « Philippe, tu devrais aller voir une pièce qui se donne à Saint-Épaminondas-des-Prés. Il faut y aller par le RER D. Tu changes à Viry-Châtillon et tu prends le bus pour Saint-Épaminondas. Fais attention, il n'y a de bus en correspondance que pour un train sur trois. Et prends une laine parce que la salle n'est pas chauffée. Bon, la pièce n'est pas formidable et la mise en scène plutôt quelconque, mais, au dernier acte, il y a une fille épatante, épatante, épatante. Ne la manque pas. » (La triple répétition de l'adjectif « épatant » était l'expression ordinaire de son suffrage.)

Il avait choisi pour tourner la plus grande partie de *La Princesse de Montpensier* mon coin du nord de l'Aveyron où nous avions passé plusieurs fois des vacances. C'est un bout du monde dans lequel l'arrivée du cinéma représentait un événement étonnant et considérable, d'autant plus que Bertrand y engagea près de deux cents figurants. Pour les séances de sélection, il donna des consignes impératives à ses recruteurs : il fallait expliquer aux candidats que, s'ils n'étaient pas retenus, ce n'était pas qu'on les trouvait moches – idée qui ne peut que venir à l'esprit lorsqu'il s'agit de cinéma – mais parce que leur physique ne correspondait pas à ceux de l'époque – le XVI^e siècle. Par exemple, les hommes imberbes ne faisaient pas l'affaire pour figurer des paysans dont aucun ne se rasait en dehors des fêtes carillonnées, ni les femmes trop gracieuses pour incarner des campagnardes dont les travaux et les jours marquaient la silhouette et alourdissaient les mouvements dès l'adolescence. Bertrand tenait à ce que ce tournage ne laisse pas d'amertume et demandait que l'on explique à celles et ceux qui étaient retenus que leur prestation pourrait se trouver coupée au montage, non à cause de son insuffisance, mais parce qu'un film se décide à la table où on le construit et que certaines séquences tournées de bonne foi s'avéreraient alourdir la marche du récit ou redonder avec d'autres.

« Quiconque a eu le privilège de réaliser un film est conscient que c'est comme vouloir écrire *Guerre et Paix* dans l'autotamponneuse d'un parc d'attractions », soutenait Stanley Kubrick. Journaliste, j'ai assisté aux tournages les plus dissemblables. J'ai vu Fellini filmer *Ginger et Fred* dans un désordre indémêlable où l'habitude italienne de la postsynchronisation des dialogues permettait à des techniciens de commenter le menu de la cantine tout en assurant les prises. J'ai vu Kurosawa diriger *Ran* dans une ambiance absolument militaire où toute l'équipe était assignée à résidence dans des hôtels de Gotenba, au pied du mont Fuji, sans jours de congé et sans savoir quand elle serait libérée. J'ai fréquenté les plateaux de moins grands seigneurs, les uns masquant leurs incertitudes dans d'incessants coups de gueule, les autres dans des expressions récurrentes d'accablement. J'en ai vu beaucoup qui savaient où ils allaient et conduisaient méthodiquement et tranquillement leurs équipes vers la destination prévue au plan de tournage de la journée.

Ce qui dominait sur les calmes plateaux de Bertrand, au-delà de la concentration de tous, c'est l'impression que chacun avait conscience de la nécessité de sa contribution. Qu'elles viennent des acteurs, des techniciens du son et de l'image, les suggestions étaient écoutées et pouvaient être retenues. Sophie Brunet, fine lame parmi les monteuses, amena Bertrand à retourner une scène d'*Holy Lola* en lui démontrant que, trop concentré sur les parents venus adopter une enfant cambodgienne, il n'avait prêté attention qu'aux expressions de leurs attentes et qu'il avait manqué à filmer la réaction de la petite comédienne face à ces deux inconnus. « Fais-nous voir si elle les adopte aussi. » On ne connaît qu'un seul de ses films, *La Passion Béatrice*, dont la réalisation fut parasitée par un conflit persistant et quelquefois violent avec l'un des comédiens principaux. Et les moments de détente, lorsque, comme pour *La Princesse*, chacun était loin de chez soi pendant plusieurs semaines, constituaient une délicieuse retombée en enfance, l'enfance des colonies de vacances telles que des photographes comme Pierre Jamet et autres émules de Robert Doisneau en ont fixé l'image. Avec la complicité indéfectible de Frédéric Bourboulon, son assistant devenu son producteur alter ego (et fameux cuisinier), il constituait une troupe, tous corps de métier mélangés. Une machine entraînée par un moteur à quatre temps : concentration, implication, décontraction, délectation.

L'attachement de Bertrand à ses comédiens et à ses équipes – d'une remarquable fidélité – s'étendait aux plus modestes. Dans *Ça commence aujourd'hui*, beaucoup de petits rôles étaient tenus par des habitants de Valenciennes, qui incarnaient celles et ceux qu'ils étaient dans la vie : les parents des gamins de la maternelle. Une fois au montage, Bertrand leur envoya régulièrement, ainsi qu'aux enfants, des cartes postales qui leur exprimaient toute la satisfaction que leur jeu lui donnait et revenaient sur les meilleurs moments de leur collaboration… J'y tenais une nouvelle fois un petit rôle, celui d'un conseiller général madeliniste, et j'avais pu voir avec quelle patience il les avait dirigés, aidé par Philippe Torreton, aussi vigilant que le meilleur et le plus empathique des instituteurs, aussi doux qu'il avait su se montrer brutal dans *Conan*… J'avais à prononcer un de ces discours pleins des promesses et de l'autosatisfaction dont les hommes publics se montrent rarement avares. À la fin de la prise, un des figurants, natif du Nord, la mine désolée, fit observer que j'avais parlé des « terrils » alors que la prononciation locale est « terris », sans le *l* final. S'ensuivit un débat : fallait-il adopter l'énonciation nordiste, au risque que les spectateurs de partout ailleurs tiquent, ou opter pour la manière universelle ? Bertrand trancha en faveur de « terris ».

Un jour, pour la préparation de *Capitaine Conan*, Alain Choquart, le directeur de la photo, vint avec un texte expliquant que Bucarest était l'une des premières capitales à avoir adopté l'électricité : tous les décors ne devaient pas être éclairés au gaz, donc la couleur de certaines séquences changeait. Dans *La Passion Béatrice*, en discutant avec Claude Duneton, Bertrand découvrit que les trois quarts des films sur le Moyen Âge étaient suréclairés : « Les torches étaient chères, m'écrivit-il, l'huile que l'on y mettait était réservée aux grandes occasions. Donc les gens calquaient leur vie sur la durée du jour, s'asseyaient dans des encoignures de fenêtres dessinées tout exprès pour broder, lire, jouer aux échecs. Cela changeait la position, les mouvements des personnages, influençait la lumière.» Pour cette raison et pour bien d'autres, Jacques Le Goff déclara ce film la plus exacte mise en images de ce que ses travaux d'historien lui avaient donné à voir du Moyen Âge. Bertrand aimait à rappeler qu'il y avait, chez Herman Melville, dans *Moby Dick*, des pages sur la chasse à la baleine qui témoignent d'une incroyable précision et que pour pouvoir construire une métaphore, Melville s'était nourri de toute une réalité.

Au premier de ses tournages auquel j'assistais, je m'étonnais *in petto* de l'absence de ce story-board que l'Académie française s'efforce de faire nommer « scénarimage » et qui permet de déterminer à l'avance le cadre, les emplacements de la caméra, les mouvements des acteurs, etc. Si j'en jugeais par la plupart des autres plateaux que j'avais observés, l'ignorance de la place des caméras dans laquelle les plaçait cette absence de story-board devait mettre les techniciens sur des charbons ardents. Or, ils faisaient preuve d'un grand calme. Bertrand demanda plusieurs fois aux acteurs de répéter la scène à blanc. Au son, à l'image et à la lumière, on attendait. Lorsqu'il eut son content de répétitions, il fit tomber les consignes de mise en place des caméras et les explications des mouvements attendus, et le plateau s'ébroua. C'est le jeu des comédiens qui avait servi de scénarimage. On m'a raconté qu'il lui était arrivé de les écouter répéter en leur tournant le dos, pour mieux s'imprégner de leurs intentions et de l'atmosphère de la scène. En voyant *L'Appât*, son vieux copain André de Toth, l'un des quatre borgnes d'Hollywood et le réalisateur de *La Chevauchée des bannis*, lui écrivit : « Dans le dernier plan, celui de Marie Gillain (complice active des deux assassins tortionnaires) demandant, le 21 décembre : "Est-ce que je serai libérée à Noël car j'ai envie de voir mon père ?", il n'y a plus d'opérateur, de cadreur, de metteur en scène, le plan c'est le personnage qui l'a trouvé. » En me citant cette lettre, Bertrand ajouta : « C'est ce à quoi j'essaie de tendre : que les personnages paraissent dicter les péripéties du film, les angles, la longueur des plans. Que les spectateurs découvrent tout à travers leurs yeux, leurs réactions sans que je leur impose mon interprétation. »

Accusé par le ministre de la Ville du gouvernement Juppé de confondre le festival de Cannes et la Seine-Saint-Denis, après qu'il avait protesté avec d'autres cinéastes contre une loi durcissant les conditions de séjour des immigrés, Bertrand lui répondit par le tournage d'un documentaire, *De l'autre côté du périph*, fruit de trois mois d'immersion dans la cité des Grands-Pêchers à Montreuil avec son fils Nils. D'abord sans caméra, pour apprivoiser les habitants et les convaincre qu'ils ne seraient pas traités comme les bêtes d'un jardin sociologique. Puis pour montrer qu'on ne peut pas réduire la vie de la cité aux rapports de police et de délinquance, qu'il y existe un tissu de solidarité, d'entraide, de luttes et de revendications. Faire connaître le combat mené par des animateurs contre les dealers, par des associations comme L'Amicale des locataires contre les offices de HLM négligents et lointains, ou par L'Aide aux devoirs, que des grands-parents organisent dans leurs salles à manger, l'engagement des femmes comme cette Malienne qui prend le risque d'évoquer ouvertement le divorce, la polygamie et la contraception... Pour les faire parler de l'école, du logement, du travail et aussi des sujets de préoccupation et de discorde : l'insécurité, le vandalisme, la délinquance et les rapports difficiles avec les policiers. Pendant le montage, puis après le tournage et la diffusion, Bertrand maintint le contact avec ceux des habitants des Grands-Pêchers qui s'étaient le plus impliqués. Il fut choisi comme parrain pour une petite Luce, dont la mère accoucha pendant la finition du film, et qui, enfant puis jeune fille, devint l'invitée permanente de ses salles de montage.

Cette salle de montage était sa salle de torture. Une torture qu'il s'infligeait à lui-même, laissant monter à la surface les impressions d'erreur, les incertitudes sur la mise en scène ou sur le scénario, le regret de n'avoir pas demandé à telle actrice de faire ceci, à tel acteur de ne pas faire cela, la certitude de l'échec inéluctable. Après *Conan,* dont le tournage dans une Roumanie chaotique avait épuisé ses ressources physiques et morales, il a fallu que Claude Chabrol, qui montait dans une pièce voisine, inquiet de la mine défaite de son vieux camarade, de ses soupirs et de ses jérémiades, exige de voir la quinzaine de minutes assemblées dans la douleur et prenne tout le temps nécessaire à lui redonner confiance. Mais même avec un moral plus favorable, il redoutait et abhorrait dans le montage son inévitable corollaire : les coupes. Son embarras à renoncer à une séquence était l'objet de toutes les plaisanteries de ses collaborateurs. À la fin d'une projection de trois heures et demie d'un bout à bout de *Laissez-passer*, Frédéric Bourboulon me chuchota : « Ne dis rien, il croit qu'il a fait un court-métrage. »

Seul Claude Sautet avait sur lui assez d'autorité pour lui recommander des coupes. Sophie Brunet, la monteuse de ses derniers films, s'amusait de sa manière de réfuter les suggestions d'amputation en alignant tant de raisons de garder le plan qu'on ne savait plus à la fin de quelle séquence il s'agissait et qu'il n'y avait plus qu'à baisser les bras. Laurent Heynemann m'a raconté que, invité un soir avec Sautet à voir un bout à bout très avancé, il s'était risqué à suggérer une inversion de plans et une coupe. Bertrand avait rugi. Laurent s'était obstiné, avant de raccompagner Sautet chez lui et de s'étonner que le vieux sage n'ait pas ouvert la bouche. « Je n'ai pas trouvé par quel bout commencer à lui dire », avoua Claude. Le lendemain matin, le chauffeur d'Alain Sarde, producteur du film, sonna à la porte de Laurent ; il lui apportait une caisse de cigares de la part de son patron. Interrogé par téléphone sur les raisons de ce cadeau de prix, Sarde déclara : « Tu t'es fritté avec Bertrand hier soir… » « Pas vraiment fritté, on a eu des désaccords. » Et Alain, dans un éclat de rire : « Eh bien, mon vieux, il a coupé 19 secondes ! »

La profusion était sa marque. Pas un déjeuner avec lui sans qu'il m'apporte livres et DVD. Je pourrais faire un volume de ses courriels de recommandation (j'ai l'idée que mon lecteur d'aujourd'hui pourrait en tirer profit) : « Philippe, vois ABSOLUMENT sur le site d'Arte l'excellent documentaire *Nuremberg, des images pour l'Histoire*, consacré à la mission Schulberg, cette quête de deux frères, Stuart (23 ans) et Budd (31 ans), pour retrouver des documents allemands à charge contre les accusés du procès de Nuremberg. C'est passionnant, émouvant et riche en rebondissements incroyables. Ils travaillaient avec mon grand ami Robert Parrish (l'un des deux monteurs pour tous ces films projetés au procès) pour l'équipe que dirigeait John Ford. Cela te concerne, bien sûr, et tu devrais le signaler à tous les membres de *L'Esprit public*. Ce qui se passe après le procès (le film de Stuart sur le Procès) est tout aussi passionnant. » « Philippe, en dehors de *Hondo,* western méconnu (les dernières minutes tournées par Ford sont hélas bâclées), je te signale quelques films tous originaux et passionnants : *Fascination* de Clarence Brown, *Âmes libres* du même Brown, *Baby Face* d'Alfred Green avec Barbara Stanwyck et John Wayne, *Voyage sans retour* de Tay Garnett, *L'Ange blanc* de Wellman avec Stanwyck, et *Héros à vendre,* du même, *La Belle de Saïgon* de Fleming, *Three on a Match* de Merwyn LeRoy. Tu passeras des moments formidables. Ces films sont très courts et *Voyage sans retour* est le plus romantique. Film adoré par René Clair qui, outré qu'il soit sorti dans l'indifférence, le fit ressortir à ses frais, en prévenant les critiques. » « Philippe, plonge-toi dans certains romans de Sinclair Lewis et tu vas te régaler. *Elmer Gantry* et surtout *Babbitt* si caustique si décapant et prémonitoire. Préface brillante de Paul Morand (!!!) qui en profite pour taper injustement sur Zola. » « Je suis aussi en train de voir *L'Homme de Londres* d'Henri Decoin (Gaumont) que je trouve remarquable. Jules Berry est sensationnel de sobriété capitularde et on ne parle jamais de cette création et Fernand Ledoux compose un maniaque paranoïaque, odieux avec sa femme et son fils, encrassé dans des préjugés qui anesthésient son intelligence. Suzy Prim et Jean Brochard sont très tendus et la musique utilisée de manière mémorable. Elle éclate brusquement à la fin d'une scène entre Prim et Berry et l'effet est saisissant. Excellents dialogues. » « Je lis entre autres Erskine Caldwell dont la truculence lucide rendrait ses livres impubliables aujourd'hui : *Les Voies du Seigneur* c'est souvent bidonnant et terrible. Et il a toujours affiché les mêmes convictions hyper progressistes contrairement à Steinbeck ; sinon j'ai revu *Autopsie d'un meurtre*, génial, *La Chose d'un autre monde* de Hawks à la fois personnel et hyper conservateur, *L'Assassinat du Père Noël,* enfin, dans une belle copie grâce à Pathé, *L'Été meurtrier*. Et dans les films nouveaux je te conseille *Logan Lucky* de Soderbergh, variations jubilatoires sur un hold-up commis par des bouseux de la Virginie, et un documentaire excitant, *À la recherche des femmes chefs* : le machisme du Michelin et de la critique gastronomique est sidérant. » « À part *The Battle of Midway* de Ford (*restored version*) et *Memphis Belle*, l'autre film à voir sur le Net est *The Negro Soldier*, réalisé par Stuart Heisler, écrit par Carlton Moss, un scénariste noir engagé. Ce film contient le sermon le plus fort, le plus précis, le moins paternaliste de tout le cinéma américain jusqu'aux années 1960. C'est Carlton Moss qui joue le pasteur et ce qu'il dit était inouï pour le public noir de l'époque. Heisler, qui reprit le film après que Wyler l'eut lâché, crédite Anatole Litvak pour avoir fait aboutir ce projet. Malgré la censure de l'armée qui coupa une scène où un docteur blanc faisait une transfusion à un soldat noir ("Cela mettait un Blanc en état d'infériorité", déclara-t-on à Washington), Heisler et Moss réussissent à glisser les seuls plans où on peut voir des Blancs et des Noirs danser. » « Revu un Preminger très rare et considéré comme aride : *Condamné au silence* (*The Court-Martial of Billy Mitchell*), avec Gary Cooper, sur ce général qui dénonça l'incompétence du ministère de la Guerre vis-à-vis de l'aviation. Une fois de plus Preminger s'en prend au Système, à une institution, en l'occurrence l'armée. Plus tard ce sera la justice (*Autopsie d'un meurtre*), puis le Sénat et le Congrès (*Tempête à Washington*) et la religion (*Le Cardinal*). »

Ces courriels ne donnent qu'une très faible idée de la connaissance intime des cinématographies du monde entier (et d'abord de l'européenne et de l'étatsunienne) de ce Pic de la Mirandole. Il portait une attention particulière aux scénaristes et aux chefs opérateurs, et pouvait retracer la carrière d'un directeur de la photo comme Sam Leavitt à travers sa collaboration avec Don Siegel, Otto Preminger ou Sam Peckinpah, aussi bien que celle d'auteurs comme Budd Schulberg (*Sur les quais, Plus dure sera la chute*) ou Paddy Chayefsky (*La Kermesse de l'Ouest, Network*). Il en régalait ses comédiens et les équipes sur ses tournages et à la cantine. J'ai quelquefois pensé que ce déploiement d'érudition était une façon d'occuper une place incontestable et de s'affirmer comme le patron. Mais, quels qu'aient été les motifs de son ostentation, cette connaissance était bel et bien réelle. Alors qu'un conseil d'administration du festival de Cannes marquait de la fatigue, Thierry Frémeaux eut l'idée d'une récréation. Il interrogea Bertrand sur le premier film à avoir reçu la Palme d'or, *Marty*, de Delbert Mann. À la vive déception de Thierry, Bertrand resta un moment à se gratter la gorge. C'est que le diesel se mettait en chauffe. Parvenu à la bonne température, l'homme qui savait tout prouva qu'il connaissait aussi le reste : « C'est une histoire poilante (un autre de ses adjectifs favoris). Au début des années 1950, Burt Lancaster cherchait comment payer moins d'impôts. Financer un film qui ferait un flop était un moyen possible. Il misa donc sur un projet de Delbert Mann, réalisateur jusque-là très éloigné du succès, avec, pour vedettes, Betsy Blair, une actrice qui passait pour porter la poisse, et Ernest Borgnine, qui venait de se faire connaître en triomphant dans le rôle d'un sergent cruel et violent, mais que Mann contre-employait dans celui d'un boucher tendre et timide. Toutes les conditions semblaient donc réunies pour que Lancaster parvienne à ses fins. Résultat, *Marty* est encore aujourd'hui le seul film à avoir remporté la Palme d'or à Cannes et l'Oscar du meilleur film à Hollywood. Plus trois autres statuettes : meilleur acteur pour Borgnine, meilleur scénario et meilleur réalisateur. Moralité, ne prenez pas Burt Lancaster comme conseiller fiscal. »

Aux recommandations de films, de livres ou de pièces de théâtre s'en ajoutaient bien d'autres. Certaines pour rire : des conseils pour éviter l'Alzheimer pêchés sur la Toile (faire des mots croisés, apprendre une langue étrangère – de préférence le géorgien, le dialecte buli du Ghana ou l'écossais) et boire trois fois par jour 6 à 10 grammes d'*Eschscholzia californica* séchée dans un demi-litre d'eau. D'autres préconisations étaient sérieuses et nées de l'expérience : boire certains vins d'Auvergne ou consommer du bouillon d'os… Quelquefois, une blague récoltée ici ou là : « François Bayrou mange une galette à cinq fèves tout seul et ne finit pas roi. » Puis une incitation soutenue à me rendre à une soirée en hommage à Pierre Jourde ou à signaler à mes auditeurs un texte de Didier Daeninckx, *Municipales. Banlieue naufragée.*

Ce souci du partage conduisait Bertrand à accepter toutes les rencontres que son emploi du temps permettait. À la sortie des films dans des salles aux quatre coins de la France, avec des lycéens et des étudiants, lors desquelles il avait parfois affaire, comme au lycée du golfe de Saint-Tropez, où je l'accompagnais, à des questions désolantes (« Combien ça gagne un acteur ? », ou, sous les rires et les quolibets de la classe, « C'est vrai que les filles couchent ? ») posées devant des professeurs qui, pour s'excuser, expliquaient ensuite que leurs élèves, pendant leurs deux mois de vacances, gagnaient davantage que les enseignants en six mois en faisant les plagistes – et plus si affinités. Et c'est encore ce souci du partage qui le conduisit à créer avec le critique Bernard Chardère et l'historien Raymond Chirat l'Institut Lumière, d'abord cinémathèque, puis dispensateur, à travers un festival étonnamment populaire, de toute la cinématographie mondiale, où pouvait se côtoyer dans la même édition l'intégrale d'Akira Kurosawa et celle de Jean Yanne.

Quand on connaît la guerre picrocholine, sans trêve ni armistice, qui oppose cinéphiles drapés dans la bannière des *Cahiers du cinéma* et cinéphages regroupés sous la tente de *Positif*, on ne peut que s'ébaudir de l'œcuménisme avec lequel Bertrand, bientôt secondé par Thierry Frémeaux, a accueilli critiques et cinéastes. « À l'Institut, il n'y aura jamais de listes noires », avait-il décrété. Dieu sait pourtant que les épigones des *Cahiers* relégués à *Libération*, internés aux *Inrocks* et quelquefois infiltrés au *Monde* ne lui épargnèrent rien. Après avoir, au fil de leur sortie, rebaptisé ses films *L'Ennui et rien d'autre*, *Ça commence à bien faire* et *Cornichon pâté de campagne*, ils raclèrent les boues de leur fiel pour mieux insulter son cadavre le lendemain même de sa mort. Leur vindicte ne détourna pas Bertrand d'inviter Jean Douchet et son disciple Serge Daney, divinités révérées aux *Cahiers* et idolâtrées à *Libération*, à donner rue du Premier-Film des conférences auxquelles il tint à assister avant de débattre avec eux. Il est vrai que Daney et Douchet, s'ils n'aimaient pas le cinéma de Tavernier, ne l'exprimèrent jamais indignement. C'est toujours le bas clergé qui jabote et qui bave en espérant que son zèle lui vaudra l'attention et les faveurs de ses grandes idoles.

Ni sectaire ni engagé… Bertrand récusait délibérément l'adjectif, malgré sa participation très active à des combats aussi divers que ceux menés par la SACD pour le droit d'auteur et par la CIMADE contre la double peine. Dans le refus de cette étiquette entraient la pudeur lyonnaise, la crainte de se trouver enfermé et la certitude d'un malentendu. Il s'agaçait qu'on lui prête volontiers un passé trotskiste alors qu'il n'avait fait qu'assister avec Pierre-William Glenn à une réunion de l'OCI dont il était sorti convaincu qu'il n'y avait pas de place pour lui dans cette tribu fétichiste. Ses appartenances étaient provisoires et liées à un but. À sa mort, Jean-Louis Bourlanges dépeignit la fécondité des contradictions que connaissait et reconnaissait Bertrand : « Si j'essaie de comprendre ce que j'aime en lui, indépendamment de son talent et de son œuvre, c'est que c'était profondément un homme de gauche, avec l'engagement, les passions, l'exigence et la générosité que cela implique. Et, en même temps, il avait la compréhension d'un tas de choses que la gauche ignore ou néglige habituellement. Nul n'a aimé ou compris l'Amérique comme lui, par exemple. De même son regard sur la guerre n'est pas celui d'un antimilitariste primaire. C'est un amoureux de la paix, mais qui comprend pourtant la psychologie militaire avec une finesse remarquable. Et puis l'Histoire !... Voilà un homme qui savait que le présent sort du passé, qu'il parle de la Régence, de la guerre de 14-18 ou de l'histoire du cinéma. Ce sont là de grandes vertus d'un homme de droite, et elles ont été portées par un homme profondément à gauche. »

C'était un réactif et non un idéologue. La résignation, l'aquoibonisme, le renoncement camouflé en cynisme ou en dérision lui répugnaient. Il savait que donner à l'avance la réponse aux questions que l'on soulève lui avait fait rater la fin du *Juge* et gâcher celle de *Que la fête commence*. Libertaire et social-démocrate, croyant et anticlérical, attentif à ce que lui apportait la tradition et friand des ouvertures de la modernité, il avait fait sienne avec enthousiasme la définition du héros que proposait Romain Rolland : « C'est quelqu'un qui fait ce qu'il peut quand les autres ne le font pas. » C'était un gourmand de citations.

Il en circulait entre nous un flot ininterrompu. L'une des dernières qui l'avaient réjoui portait la signature d'un auteur qui nous était cher entre tous, G. K. Chesterton: « La Tradition étend le droit de suffrage au Passé. C'est le vote recueilli de la plus obscure de toutes les classes, celle de nos ancêtres. C'est la démocratie des morts. La tradition refuse de se soumettre à la petite oligarchie arrogante de ceux qui n'ont rien fait d'autre que naître. Les démocrates n'admettent pas que des hommes soient disqualifiés du fait de leur naissance ; la tradition n'admet pas qu'ils le soient du fait de leur mort. La démocratie nous interdit de négliger l'opinion d'un honnête homme, même s'il est notre valet de chambre. La tradition nous requiert de ne pas négliger l'opinion d'un honnête homme, même s'il est notre père. » Cette façon d'exprimer ses convictions et quelquefois ses sentiments à travers les phrases des autres n'était-elle pas l'un des remèdes qu'il avait trouvés à sa timidité ? La pudeur se combinait chez lui à la maladresse. Cela pouvait faire sourire. « Je t'embrasse… complètement », laissa-t-il un jour sur ma boîte vocale après que j'avais eu l'occasion de lui rendre service. Le silence perplexe qui séparait le verbe de l'adverbe traduisait ses hésitations, puis son incapacité à confier à haute voix ce qu'il pouvait ressentir *in petto*. Disposition de caractère très supportable pour ses amis, moins vivable pour sa famille. La même qui, à l'inverse, l'empêchait de demander. Lors du tournage de *Dans la brume électrique*, dans ses courriels, Bertrand me décrivait la Louisiane au printemps, s'amusait des mésaventures d'un politicien local, s'émerveillait de la détermination d'une poignée de Cajuns à continuer de s'exprimer dans leur langue, repérait les nuances du zydeco, me signalait les derniers interprètes de *hillbilly* et les meilleurs virtuoses de l'accordéon. Le premier de ses messages se terminait par l'invitation rituelle à venir faire un tour sur son tournage quand l'envie m'en viendrait. Malheureusement, il ne suffisait pas qu'elle vienne : j'assurais à Radio France une chronique quotidienne à France Culture et deux émissions hebdomadaires. Les courriels suivants reprenaient l'invitation, c'était inhabituel, et même la mettait en valeur par quelque effet de style, de police, ou par une illustration. Je ne compris que bien plus tard que c'étaient des signaux de détresse : ses relations avec le producteur américain, avec le monteur imposé par lui et même avec Tommy Lee Jones, dont l'intempérance pesait sur l'atmosphère du plateau et sur l'organisation du travail, avaient atteint tel niveau de dégradation que Bertrand, isolé, en terrain hostile, éprouvait un violent besoin de compagnie. Finalement, Frédéric Bourboulon, jusque-là retenu à Paris, se porta à ses côtés.

Il ne laissa rien ignorer à ses amis de la dégradation de sa santé. Avec eux, il maintint autant qu'il le put un contact *in vivo*, puis téléphonique, puis écrit. Il envoya à quelques-uns d'entre nous les pages de ses Mémoires qu'il écrivait malgré la douleur et la fatigue. Il nous pressait de vérifier un élément de ses souvenirs, les références d'un livre, les circonstances d'un événement. Il tint bon presque jusqu'au dernier moment. La veille, je l'avais entendu ne pas réussir à prononcer mon nom au téléphone. Quelques jours plus tôt, il m'avait demandé la référence d'une phrase que j'avais citée dans une chronique et qu'il voulait reprendre à propos de notre ami Didier Bezace, que le Covid nous avait empêchés de veiller et même d'enterrer. Elle était de Frédéric Dard, après la mort de sa fille : « Si nous avions su que nous l'aimions tant, nous l'aurions aimé davantage… » Thierry Frémeaux l'a très pertinemment choisie pour titre du livre qu'il a consacré à son ami et associé. Pour moi, dans notre commerce de citations, j'avais fait sourire Bertrand avec les mots rédigés par Alexandre Vialatte après le suicide du dessinateur Chaval : « Il est mort. N'ébruitons pas inutilement une nouvelle qui peut faire tant de peine. »

# Le petit grand Charles

« Charles l'avait oublié, mais il a accepté de longue date d'assister le week-end prochain à un hommage qui lui sera rendu à D***. Il ne peut plus se dérober et il me charge de vous demander si ça vous dirait de l'accompagner. » Gérard Davoust, le bras droit d'une grande droiture de celui qui incarna le pianiste sur qui il ne fallait pas tirer, le lieutenant de l'homme aux mille deux cents chansons, soulagé que j'accepte, et avec quel plaisir, m'indique que la voiture passera me prendre vers 10 heures samedi. À l'heure dite, une confortable berline fait halte devant mon immeuble. Sa plaque d'immatriculation verte porte en caractères orange « 171 CD », suivi de quatre chiffres. Le chauffeur en descend pour m'ouvrir la porte arrière gauche et me permettre de retrouver l'ambassadeur d'Arménie auprès de l'UNESCO, que je gratifie d'un « Bonjour, Excellence » auquel il répond par un « Bonjour, Maître ». Après cette brève mais rituelle cérémonie, Aznavour m'explique son idée du voyage. Nous ne couperons pas à un déjeuner organisé par le maire, mais pour la rencontre prévue ensuite avec le public, il aimerait que je sois son partenaire. « Rien d'organisé, juste une conversation, comme nous en avons. Après quoi il y aura un spectacle donné par des personnes que je ne connais pas et qui chanteront de mes chansons. C'est prévu pour durer une heure. » Il a l'air de redouter un peu, mais se contente d'ajouter : « Bah, on verra bien... »

En remontant vers les Champs-Élysées, nous croisons la statue de Churchill. Nous en citons de bons mots. Charles aime ceux prononcés pendant la guerre : « Nous attendons l'invasion promise, les poissons aussi ! » J'aime ceux que le grand homme a adressés à sa mère quand il était un petit écolier à la ramasse, pour excuser ses mauvaises notes : « J'aurais aimé que les examinateurs m'interrogent sur ce que je sais, mais ils ne m'interrogent que sur ce que je ne sais pas. » Charles a du goût pour le politicien inspiré, celui qui comprend très tôt la nature du nazisme et qui, dès 1946, voit « un rideau de fer s'abattre sur le continent ». Un épisode l'a marqué : en voyage privé en Allemagne en 1932, un proche du Führer invite Churchill à rencontrer Hitler et lui demande quelles questions il aimerait lui poser. « Pourquoi votre chef est-il si violent avec les Juifs ? lui répond Churchill. Pourquoi combattre un homme du seul fait de sa naissance ? » Transmise à Hitler, la question suffira à annuler le rendez-vous envisagé. De la guerre des Boers aux Dardanelles, de l'Inde à l'Irlande, la conversation va bon train. Je suis du grand nombre de ceux que passionne la vie riche en contradictions de cet homme d'exception et, de William Manchester à François Kersaudy en passant par Mary Soames, j'ai avalé les travaux de nombre de ses biographes. Charles n'est pas en reste et, comme je lui en fais compliment, il me répond : « Philippe, je n'ai pas fait d'études, je suis allé à l'école des enfants du spectacle ; à 9 ans j'étais en scène et à 12 ans j'étais au Casino de Paris. Je n'ai rien eu de ce que l'école peut apporter comme repères ou comme méthode. Alors quand un sujet m'intéresse, j'envoie mon chauffeur dans une librairie et je lui demande d'aller au rayon où sont les livres sur ce sujet et d'en acheter un mètre. Je les prends l'un après l'autre. S'ils m'intéressent, je les lis et je prends des notes. S'ils ne m'intéressent pas ou que je ne les comprends pas, je les donne à la bibliothèque la plus proche. »

Le déjeuner municipal fut ce que l'on pouvait redouter qu'il soit, notre conversation en public recueillit les suffrages que l'on pouvait prédire dès lors qu'Aznavour donnait l'impression d'accueillir les gens pour un entretien au coin du feu, le spectacle confirma ce que l'on pouvait en craindre et, à son issue, le maire vint recueillir les compliments de circonstance de Charles avant de le prier de rejoindre avec lui le dîner préparé en son honneur. « Un dîner ? Ah, on ne m'a rien dit… Je suis désolé, mais, à mon âge, je ne mange plus le soir. Un yaourt et une feuille de salade… Non, vraiment, dites que je suis désolé, mais c'est un malentendu, on aurait dû vous prévenir. » En me poussant vers la sortie, il me murmure à l'oreille : « Je connais un bistro en centre-ville où on trouve des frites admirables et un pomerol de derrière les fagots… »

Dans le monde de la chanson, Charles se tenait comme à l'affût : peu de choses lui échappaient et il fut souvent le premier à déceler et à soutenir un talent, mais aussi à tempérer l'enthousiasme de son entourage, à inviter ses amis à faire le tri entre ce qui relevait du registre plaisant de l'amateur talentueux de ce qui pouvait constituer le socle d'un de ces répertoires que s'approprie le public. Quand nous nous rencontrions, il s'enquérait des spectacles que j'avais vus et de ce que j'en avais tiré. Un jour, je lui dis être allé entendre une amie romancière qui se lançait dans la chanson, paroles, musique et interprétation. Elle avait fait ses débuts la veille dans une salle de la proche banlieue. Je m'y étais rendu à reculons, craignant pour elle le pas de clerc. J'étais sorti de son tour de chant plus que soulagé : emballé. « Donc, vous avez passé une bonne soirée ? – Très bonne. – Votre amie tient bien la scène ? – Bien mieux que je ne le craignais. – Ses chansons sont bien troussées ? – Très bien. – Elle a de bonnes musiques ? – Oui, et ça n'a pas été la moindre de mes surprises. – Donc, vous avez passé un bon moment… » Pourquoi cette insistance à me faire dire plusieurs fois la même chose ? « Oui, et d'autant meilleur que j'avais craint le pire. – Ses chansons vous ont plu… – Oui, Charles, j'ai passé une bonne soirée et ses chansons m'ont plu. – Vous pourriez m'en fredonner une ? » … Je m'y essayai en vain… Charles passa à un autre sujet.

# Un jeune homme d'aujourd'hui

Paul Valéry soutenait que des innombrables ouvrages qu'il avait lus, il ne lui restait à la fin de sa vie que la matière d'une quinzaine. Des cinq à six cents étudiants qui auront, en une vingtaine d'années, suivi à Sciences Po mon premier séminaire sur la sociologie des médias, puis, plus longuement, celui sur Paris, son histoire et ses problèmes actuels, je ne retrouve le souvenir que d'une douzaine, si j'excepte celles et ceux qui se sont fait un nom dans l'édition, la presse ou les affaires publiques et qui se rappellent à moi via la lecture des journaux. Parmi ces inoubliés, Nathanaël est un inoubliable. Vivacité d'esprit, solide et large culture englobant la chanson comme le cinéma, le théâtre comme la littérature, humour toujours à propos, curiosité, capable d'entraîner ses camarades dans une discussion substantielle, bref, de quoi fournir l'archétype de l'étudiant idéal que l'Université pourrait déposer dans une sorte de pavillon de Breteuil. Nous nous étions revus après son diplôme et nos conversations tournaient essentiellement sur ce que l'on pouvait, ou non, espérer de la politique.

Après Sciences Po, il s'essaya à l'exercice des responsabilités auprès d'un parlementaire réformateur puis à la Métropole du Grand Nancy. Ces deux expériences le convainquirent qu'il avait mieux à faire et il se consacra à la recherche et à la transmission, d'abord à Prague, où il rédigea une thèse sur la pensée dissidente tchèque et le projet européen sous la direction de Jacques Rupnik, puis à l'École normale supérieure de Lyon. Chemin faisant, il avait épousé Diane et eu avec elle Camille, Félix et Blanche.

Sans que nous ne perdions jamais le contact, l'éloignement ne nous permettait que de rares rencontres. En 2011, il m'envoya son premier livre, 135 pages intitulées *L'Instinct de conservation*. J'en recommandai la lecture aux auditeurs de France Culture : « Auditeurs sachant auditer, ce n'est pas pour me vanter, mais l'avenir n'est plus ce qu'il était. Ce trait d'humour a fait sourire ma génération lorsqu'elle l'a entendu pour la première fois, dans les années 1970. Et voilà que, pour ceux qui ont aujourd'hui l'âge que nous avions à cette époque, c'est-à-dire pour nos enfants, ce mot d'esprit a perdu toute espèce de force comique et qu'il est la stricte et peu engageante description de la réalité. Leur avenir n'est plus ce qu'était le nôtre, c'est-à-dire l'assurance de plus de tranquillité matérielle, de davantage de responsabilité dans la société et d'un meilleur accomplissement par chacun des dons reçus à la naissance et développé par une éducation qui ne s'embarrassait pas des origines sociales, sinon pour les mettre à égalité. L'un de ces enfants de soixante-huitard, Nathanaël Dupré La Tour, jeune homme d'un peu plus de 30 ans, devenu lui-même trois fois père, vient d'entreprendre dans un livre bref et tendu de dresser l'inventaire de son héritage et d'en tirer des conclusions morales, politiques, économiques et culturelles qui marquent une rupture tranquille et argumentée avec les mythes de la génération qui l'a précédé. Non sans une ironie provocante et séditieuse, son livre s'intitule *L'Instinct de conservation*.

Dans la mythologie politique, la conservation, le conservatisme s'oppose au progrès, au progressisme. Or, voilà un moment que le progrès a du plomb dans l'aile et le progressisme, des soucis à se faire. Toutefois, la révocation en doute de la bienfaisante marche irrésistible du progrès susnommé a longtemps été tenue sous le boisseau médiatique. C'était une constatation qui sentait la droite et la campagne, et les constatations, en France, n'accèdent aux grands médias et aux débats publics que lorsqu'elles sont passées à gauche et en ville. C'est ce qui, peu à peu, a fini par se produire : à force de regretter les haies brise-vent, régulatrices du climat, facilitatrices de l'infiltration des eaux, refuge des oiseaux épandeurs de graines et insectivores, on a commencé à considérer que se retourner et regarder le passé en face n'était pas synonyme de réaction, de méfiance ou de mélancolie. C'est à une continuité dans cet effort et dans la direction de ce regard que nous invite Nathanaël Dupré La Tour. Évidemment, il voit plus loin que le bout de la haie dont je viens de parler et qui ne vaut que comme un exemple de bonne humeur de la manière dont "l'homme contemporain, s'étant affranchi du passé, prépare aux générations qui viennent un présent insupportable".

C'est d'ailleurs la ligne de force de ce livre, que son auteur se soucie bien plus de ses enfants que de ses parents, je veux dire qu'il lui importe davantage de réfléchir aux moyens de laisser un monde améliorable que de jeter à la tête de ceux qui l'ont précédé tous les reproches qu'ils encourent à force d'avoir chanté "du passé, faisons table rase" et soutenu que la révolution, c'est quand on décide que tout est possible, comme si l'histoire pouvait avoir des pages blanches.

Je me réjouis à l'idée que ce livre bref va agacer un bon nombre de gencives. Non parce que j'aime l'agacement pour l'agacement, mais pour la raison que Nathanaël Dupré La Tour développe une argumentation serrée, nourrie et stylée qui appelle et même oblige à la controverse et non à la polémique, même si, dans ce pays fatigué qu'est le nôtre, beaucoup de micromacrocéphales ont réduit l'échange d'idées à un tintamarre médiaticodégradable qui, comme la musique militaire et la marche au pas cadencé, fait davantage appel à la moelle épinière qu'au cerveau, au besoin d'appartenir qu'à la crânerie de l'esprit critique.

Le ciel vous tienne en joie. »

Après ce premier livre qui eut la bonne fortune d'échapper aux exagérations apologétiques ou infamantes, Nathanaël me surprit en m'envoyant une demi-douzaine de chansons dont il était l'auteur, le compositeur et l'interprète. Si sa voix chantée n'éblouissait pas, sa plume faisait mouche et son inspiration passait avec aisance de la poésie à la fantaisie, de l'humour au fantastique. Le lecteur curieux peut en juger sur YouTube, où elles figurent presque toutes. Décidément, avec lui, il ne fallait pas s'attendre à danser toujours sur le même pied. Il illustra cette nécessité en publiant *Au seuil du monde*, récit d'une retraite dans un monastère bénédictin, méditation sur le rapport au temps et à l'attention, sur l'impératif « de ne plus concevoir l'existence comme individuelle, mais comme prise dans un ensemble qui nous dépasse. [...] d'accepter de ne pas tout découvrir et de livrer aux autres le secret de ce que l'on aura appris dans le temps qui nous a été imparti », résuma Valérie Rossignol, collaboratrice d'*Études*.

À cet ouvrage contemplatif, Nathanaël donna une suite humoristique, avec *Une année au foyer*, dont je rendis compte derechef sur l'antenne de France Culture : « Auditeurs sachant auditer, cette chronique sera consacrée à un sujet d'avenir, celui des pères au foyer. Nathanaël Dupré La Tour en a exercé le sacerdoce pendant un an et il en a tiré, aux éditions du Félin, un bref livre fourmillant de ces petites notations finement observées qui font la richesse, la drôlerie et la sagacité d'un récit de voyage. Un voyage, non, une aventure. D'ailleurs c'est le mot qu'employait Péguy : "Il n'y a qu'un aventurier au monde et cela se voit très notamment dans le monde moderne : c'est le père de famille." Comme bien des aventuriers, il est regardé avec au minimum une certaine incompréhension.

Pour expliquer sa nouvelle situation, toutes les hypothèses sont négatives ou compassionnelles : chômeur sans espoir, travailleur en congé de longue maladie, mari abandonné ou mâle dompté par sa compagne, nul ne pense que si le mari est devenu père et si le père pousse, tire, porte, garde, lave, rassemble, conduit, nourrit, rassure, gronde, amuse trois marmots, c'est parce que son épouse et lui ont pensé qu'il valait la peine qu'il en soit ainsi.

Au square, à force de le voir jour après jour avec sa marmaille, les mères de famille patentées se demandent si ces trois têtes blondes ne seraient pas des appâts dont ce jeune mâle se servirait pour les séduire. À un dîner chez des amis, les autres hommes se sentent certes, obligés d'admirer cette décision de prendre une année paternante, mais si chacun exprime son envie d'imiter son congénère, c'est pour mieux exposer à regret les raisons multiples pour lesquelles il ne peut pas suivre son exemple moderne et héroïque. Ce serait pourtant bien utile pour le père au foyer que d'avoir des camarades dans la même situation : ils pourraient échanger leurs doutes, leurs trucs, leurs adresses, trier dans leurs méthodes celles qui marchent et celles qui sont hautement contreproductives, bref, pallier cette situation si rare dans laquelle l'homme ne peut se retourner vers aucun récit, aucun modèle, aucun précédent et doit donc se débrouiller sans repères, inventer son rôle sous le regard sceptique, narquois ou attristé d'autrui.

L'homme au foyer est ravagé par le doute. Il ne se sent aucune légitimité et il éprouve chaque jour que le plus élémentaire savoir-faire lui fait défaut. Quand bien même, avant de prendre cette année sabbatique, il aurait exercé les responsabilités les plus importantes dans une entreprise performante, il constate qu'elles n'étaient rien à côté du casse-tête de l'organisation des activités extrascolaires lorsque chacun des enfants doit être à la même heure à un bout différent de la ville et que le plan mis au point avec soin et au prix d'une grande heure de sommeil vient se fracasser sur la disparition d'une chaussette, ou sur le renversement d'une tasse de chocolat sur les vêtements de celui des enfants que l'on était parvenu à habiller complètement.

Ajoutez à cela, écrit Nathanaël Dupré La Tour, que “les enfants, à la différence des journalistes politiques, reposent leur question quand on n'y a pas immédiatement répondu”. *Une année au foyer* n'est pas qu'un récit humoristique et réfléchi. Avant que ce livre ne soit publié, Nathanaël Dupré La Tour est mort dans un accident de voiture. Quand ils auront l'âge de le lire, ses enfants sauront à quel point ils ont été aimés. Le ciel vous tienne en joie. »

Peut-être est-ce le souci présent dans tous ses livres du rapport entre les générations qui me ramena, à l'annonce de sa mort, aux interrogations nombreuses que Nathanaël m'avait adressées sur Mai 68 et sur ce qu'attendaient de leur mouvement ceux qui l'avaient initié et ceux qui l'avaient rejoint. Je lui donnai un jour à lire le discours que j'avais prononcé à un colloque organisé par *Le Monde*, *Esprit* et la fondation Saint-Simon en octobre 1996 à Grenoble, intitulé *La génération des 20-35 ans peut-elle régénérer la société française et son espace démocratique ?* À l'appui de cette question, les organisateurs mettaient en avant un sondage BVA réalisé auprès d'un échantillon représentatif des 20-35 ans. Pour qui avait connu et, à l'occasion, pratiqué l'enquête de terrain, ses entretiens au long cours, leurs analyses délicates et leurs résultats nuancés, le recours au sondage pour déchiffrer la réalité sociale était une abdication, une sorte de sociologie en pantoufles. Quant à faire reposer le renouveau de la politique et de la démocratie sur une classe d'âge, malgré la boursouflure de l'intitulé du colloque, ça sentait la paresse et le coup fourré : « Approchez, mes enfants... »

J'avais donc choisi une intervention ironique : « Si je comprends bien, nous sommes invités à Grenoble pour enterrer ce qui est né à Grenoble il y a trente ans, dans ce fameux colloque de Grenoble organisé par un socialiste impénitent, Robert Fossaert, et peut-être même, au-delà de cette gauche, une certaine idée de la politique. Cette gauche avait deux caractéristiques : son antitotalitarisme et son souci de la société. À Grenoble, elle avait parlé de décentralisation : « décoloniser la province », préconisait un rapport d'un pseudonymé Georges Servet pas encore Michel Rocard. Elle avait parlé de l'aménagement du territoire, de la politique de la santé, de l'université, des prisons, de la justice, tous sujets dont on a depuis fort peu parlé dans les colloques et notamment dans les colloques politiques, et qu'on avait traités avec le souci que la société soit l'acteur d'elle-même et que le citoyen en soit considéré comme le personnage majuscule.

Vous n'imaginez pas ce que de pareilles illusions ont pu faire impression sur de jeunes cervelles et notamment sur celles qui, comme la mienne, avaient à l'époque 18 ans. J'ai même cru longtemps que c'était ça, la politique... ! Cette illusion a passé l'arme à gauche en 1981. Elle a même été immédiatement inhumée au Panthéon, à la suite d'une longue et cruelle maladie dont elle avait été frappée en 1971 à Épinay. Aujourd'hui, davantage qu'à un enterrement, nous procédons à un transfert de sépulture.

Mais voilà que les organisateurs de ce colloque ont trouvé un nouvel agent historique. Depuis la fin du prolétariat, ça nous manquait. Ce nouvel agent historique, c'est le 20-35 ans, ou bien, pour mieux parler le langage qui convient à cette trouvaille, celui des publicitaires, c'est le 20-35 ans à fort pouvoir régénérant, celui qui chasse la vieillerie même là où il y a des nœuds. Les quadras et les quinquas vont donc grâce aux 20-35 ans pouvoir blanchir le linge sale de leur passé. Ils vont nous éviter de revenir sur des épisodes aussi pénibles que le maoïsme, le castrisme, le terrorisme, le populisme d'extrême gauche, le Cambodge, le socialisme d'affaires, les Safranes de fonction, le mitterrandisme à visage Berlusconi, le mitterrandisme à visage Tapie, le mitterrandisme à visage Charasse, le mitterrandisme à visage Bergé, le mitterrandisme à visage Mitterrand. Nous n'aurons pas (je parle de ma génération) à nous expliquer ni sur la politique qui déserte le terrain ni sur le journalisme qui se désintéresse de la société. Le 20-35 ans va nous en dispenser, d'ailleurs il ne nous interroge sur rien de tout cela.

On entend dire que cette nouvelle génération est mal élevée. Je m'élève contre une telle critique et, quand je lis le papier que *Le Monde* a publié d'après votre sondage fondateur, je trouve nos cadets d'une politesse exquise : ils n'ont évoqué aucune question susceptible de nous fâcher et aucun d'entre eux n'a prononcé le mot de totalitarisme à propos d'une classe d'âge, la mienne, qui de Castro à Khomeiny n'a cessé de chercher à se mettre à la remorque d'un tyran, et qui aujourd'hui encore refuse de voir le totalitarisme où il est. Le 20-35 ans va donc nous servir à construire un village Potemkine, résumons le deal si vous voulez bien.

Le 20-35 ans va nous offrir avec des minois encore inconnus l'apparence de la nouveauté. Nous le laisserons aller à la télévision montrer ce nouveau visage. Le 20-35 ans va nous permettre de mettre en vitrine de nos boutiques des articles qui jusqu'à présent ne s'y trouvaient pas, sans que nous ne changions ni les propriétaires ni les façons de faire notre commerce. De notre côté, en échange, nous sommes tout prêts à feindre de croire que le cynisme qu'affiche souvent cette génération est une forme de franchise, pourvu que nous puissions continuer à jouir de cette quiétude que procure l'élimination de l'inconfort dû à la connaissance du malheur d'autrui.

Puisque vous avez la gentillesse de ne pas nous interroger sur notre goût du pouvoir tel que nous l'avons manifesté pendant au moins quinze ans, nous vous renverrons l'ascenseur en ne vous posant pas de questions sur ce militantisme de marketing politique que pratique admirablement votre génération, et sur cette merveilleuse maîtrise de la propagande hors-sol – pardon de la communication – et des plateaux de télévision. Enterrons donc à Grenoble ce qui est né à Grenoble.

Né dans ce repère d'illusionnés qui s'appelle le mendésisme, je sens bien que je suis en train de vieillir, dans ce repère de désabusés, dans cette haine de la politique

que George Orwell a si magnifiquement personnifiée et décrite. Pour ne pas vieillir trop misanthrope, et pour ne pas rater ce que la vie peut offrir de rencontres, de découvertes et quelquefois de partages, je me retirerai en méditant cette phrase tirée d'une lettre de Flaubert à Louise Colet : "Il faut mettre son cœur dans l'art, son esprit dans le commerce du monde, son corps là où il se trouve bien, sa bourse dans sa poche, et son espoir, nulle part." »

Ce n'est pas pour me vanter, mais ce discours fit un four. Nathanaël, l'ayant lu, m'exhorta à en faire un livre. Nous étions en 2002, l'année de sa sortie de Sciences Po et de l'élection présidentielle qui vit Jean-Marie Le Pen coiffer Lionel Jospin au premier tour. Je lui répondis que j'avais commencé un roman dans cet esprit. Il réagit au quart de tour : « Vous m'avez dit hier matin écrire un livre sur la génération de 1968. Je me suis dit que peut-être votre travail trouverait matière dans l'observation des rares et modestes réflexions qui viennent parfois à l'un de vos étudiants, dont le principal mérite est d'être un enfant de cette génération, et de porter sur elle en conséquence un regard nécessairement différent du vôtre, un regard qui est celui que l'on a pour ses géniteurs – ces parents que l'on n'a pas choisis, que l'on subit, que l'on finit par aimer et dont, à la fin des fins, on hérite. L'héritage de la révolution 68 est particulièrement lourd. D'autant plus lourd qu'il est moins visible, d'autant plus pesant qu'il est fuyant, d'autant plus insupportable qu'il consiste principalement dans sa propre négation, qu'on ne sait par quel bout le prendre et comment s'en défaire.

Il faut du temps pour se rendre compte que cet amoralisme ou cette crainte de la morale qui constitue pour nous le trait le plus marquant de ce que l'on nous transmet n'est qu'une autre morale, qu'un autre corps de valeurs qui n'a pas beaucoup plus de légitimité que celui contre lequel il s'est dressé, et dont on peut prendre ce qui nous paraît demeurer utile pour une vie sensée, et laisser ce dont on ne veut plus, simplement. Pour un certain nombre de raisons, dont l'une est sans doute les aléas de la démographie, il y a une génération 1968, alors qu'il n'y aura pas de génération 2000, ou 2002, ni probablement d'avant ou d'après. Notre génération n'existe pas, et pour cause : exister, pour elle, serait en grande partie exister contre – et contre quoi ? Tout se dérobe, rien n'offre de prise à l'affrontement. Le pouvoir le plus implacable est ce pouvoir doux, indolore et sans odeur qui refuse sans cesse de se manifester et nous laisse dans une angoisse sans objet.

J'ai pris conscience il y a quelque temps d'un élément important dans le jugement qu'il convenait de porter sur cette génération qui nous a formés : l'impossibilité dans laquelle nous étions de connaître ce dont Mai 68 nous avait délivrés. Ne voyant que le système actuel de valeurs, nous pouvons difficilement ressentir d'emblée de la gratitude pour ce qui nous a été, du coup, épargné, et qui ne nous revient que par bribes, comme une sorte de préhistoire légendaire, agitée sans cesse comme un épouvantail : Vichy, l'ordre moral, l'Empire colonial, vieux fantômes qui ne font plus peur à grand monde. Il faudrait pouvoir se rendre mieux compte du monde moral au sein duquel a eu lieu la révolution des mœurs pour considérer cette dernière comme une réalité, et non comme la justification ultime des élucubrations doctrinaires de nos parents, de nos professeurs et de tous les fournisseurs de prêt-à-penser.

Certains témoignages, aussi, nous permettent de mieux comprendre l'état d'esprit de cette jeunesse. Ainsi de *La Maman et la Putain*, de Jean Eustache, qui a donné quelques pistes à ma volonté de comprendre ce qu'avaient vécu ceux qui nous gouvernent. En ouvrant aujourd'hui *Libération* ou *Charlie Hebdo*, on est frappé par l'omniprésence du “clin d'œil”. On est frappé par l'abondance des gens écrivant dans ces colonnes à qui, manifestement, on ne la fait pas. Jusqu'ici, cette perpétuelle manifestation du désabusement ne faisait que m'écœurer. Ce soir-là, j'ai cru en comprendre l'origine. Alexandre, le jeune homme à bonnes fortunes qu'incarne Jean-Pierre Léaud, est un de ces êtres qui bannissent toute marque d'une émotion véritable comme artificielle ou convenue. Tout est prétexte à sourire fin et air entendu : “Oui oui, semble-t-on dire, nous sommes entre gens du même monde, nous comprenons bien que l'amour véritable, le dévouement à une cause ou l'enthousiasme, quel qu'il soit, ne sont que des clichés ou des faux-semblants. Nous ne nous y laissons pas prendre.” Tout cela sent son Homais à plein nez ; et il y a certainement chez les chroniqueurs actuels de nos journaux parisiens beaucoup de pharmaciens de bourg et de notaires qui s'ignorent. Mais au bout de deux heures du film d'Eustache, j'ai fini par comprendre l'origine de cet étrange comportement.

L'origine de cette angoisse de tout ce qui peut nous dépasser, nous emporter, le frein systématiquement mis à 20 ans aux élans de l'existence, c'est, me semble-t-il, simplement la pudeur infinie de cette jeunesse du baby-boom. Grandie dans les troubles de l'après-guerre et de la décolonisation, elle est confrontée aux angoisses de la liberté et se voit pour horizon tout ce qu'elle aura la force de construire. Passons sur le fait que, pour faire quelque chose d'une telle énergie, il aurait fallu au moins un Hugo, un de Gaulle ou un Blanqui, et que la génération de Mai 68 a eu Daniel Cohn-Bendit ; passons, même, sur ce référent incontournable qu'est le communisme policier, qu'il soit trotskiste, soviétique ou maoïste, pour ces briseurs de chaînes et ces assoiffés de liberté ; l'affaire est jugée, et il est sans doute bien tard pour tirer sur l'ambulance, même si on aimerait un peu plus d'humilité dans les leçons de ceux qui se sont tant fourvoyés.

Il me semble que cette jeunesse bourgeoise à qui les Trente Glorieuses permettent, pour beaucoup de ceux qui la composent, tout ce à quoi ses parents n'ont pas eu droit, ne sait souvent que faire de sa liberté et découvre les élans de son âme, de son cœur et de son corps dans un Paris transformé en une grande cour de récréation. Vous m'accorderez qu'il y a mieux, pour se développer heureusement, qu'une cour de récréation. On y sent un certain malaise à dire la vérité, à sortir des codes et des convenances fixés par les plus costauds ou les plus malins, qui sont rarement les meilleurs. On y cache ses émotions en fanfaronnant, et si d'aventure on aime une fille à en pleurer, on cultive le désabusement, on tâche de se bien mentir sur son propre compte, et on baise sans joie – par pudeur toujours.

Voilà à peu près où j'en suis : je ne sais à quel point cet état des lieux est représentatif de celui que peuvent faire mes congénères qui s'interrogent sur ce sujet. J'ose espérer que cette esquisse de reflet ne vous sera pas totalement inutile, et j'attends avec impatience de vous lire, À mardi, en attendant, Nathanaël. »

Je répondis à Nathanaël : « L'expression toute faite dit "je suis touché plus que je ne saurais le dire". Je vais essayer de vous dire tout ce qui me touche dans votre lettre. D'abord que vous ayez pris le temps de me l'écrire en ce moment où vous ne manquez pas de soucis. Cela me touche parce que c'est une lettre et que je vis dans la crainte qu'il y ait de moins en moins de gens pour s'écrire, que je sais tout ce qu'écrire une simple lettre suppose de considération pour autrui, mais aussi apporte de soulagement à celui qui l'envoie.

Cela me touche aussi parce que c'est l'une de ces preuves de la confiance que ne cesse d'espérer celui qui enseigne et qui sait qu'elle ne lui sera donnée que rarement et par surcroît.

Cela me touche encore parce que, si vous avez pris le temps d'écrire cette lettre, ce n'est pas seulement pour me l'envoyer, c'est aussi parce que ce que vous y dites est pour vous essentiel. Ce deuxième point ne fait pas que renforcer le premier. En rejoignant beaucoup des choses que j'essaie de dire, vous me fortifiez dans la résolution de poursuivre et même de placer cette réflexion au centre des choix et des engagements qu'il me reste à faire et à prendre.

J'appartiens à une génération dont l'élite a revendiqué tous les pouvoirs, toutes les places, toutes les gloires, tous les honneurs et toutes les facilités, et qui a refusé toutes les responsabilités. Mai 68 était pour moi secouer un joug, faire tomber la poussière du vieux monde et remettre les pendules à l'heure. J'ai su très vite que le vrai mot d'ordre était "Pousse-toi de là que je m'y mette" ou "Toutes les places, tout de suite". Je vois que mes camarades ont inventé un système de pouvoir d'autant moins prenable qu'il se nie lui-même comme pouvoir. Nos académies sont invisibles et tyranniques. Je m'en suis accommodé en ne prenant pas part au système – du moins j'aime à le croire – et en saisissant chaque fois qu'elle passait – et elle est passée plus souvent qu'à mon tour – la chance de me tailler un domaine où je sois chez moi, où je puisse exercer d'autant de manières que j'en suis capable le métier de transmettre, le seul qui m'intéresse et que j'aie appris à faire. Depuis quelque temps, cette position marginale – "marginale" ne signifie pas "inconfortable", ni moralement ni matériellement – ne tient plus aussi fermement devant la montée des impostures.

Je suis d'autant plus furieux du spectacle de l'instrumentalisation du nazisme, de Vichy et de cette époque que je suis fils et gendre de gens qui ont fait ce qu'ils devaient et n'en ont recherché ni positions, ni avantages, ni postures pour juger leurs contemporains ou leurs successeurs. Ma génération n'a eu, à souffrir, contrairement à celle de mon père et de mon beau-père, d'aucun poids d'anciens combattants. Elle n'a eu, à vrai dire, à souffrir de rien d'autre que de la prospérité. Quand le monde a craqué, nous avons cru et laissé croire que c'était sous notre poussée. Mais nous ne faisions que chevaucher la vague. Et encore, même pas : partout on réclamait davantage de liberté et, parmi mes contemporains aujourd'hui aux affaires, nombreux ont été les soutiens actifs et activistes des tyrannies les plus sauvages. Ceux-là portent aujourd'hui leurs errements prochinois, procastristes ou pro-Khmers rouges comme autant de Légions d'honneur. (Ils ont aussi la Légion d'honneur, mais bien qu'ils aient fait des pieds et des mains pour l'obtenir, ils ne la portent pas. C'est une de leurs multiples façons de jouer sur tous les tableaux. Bien longtemps avant que mon tour de médaille n'arrive, j'avais annoncé que je l'accepterais joyeusement.) Et ils ne se font pas seulement gloire de s'être trompés au détriment de quelques millions de morts – des morts précédées d'inquantifiables souffrances –, ils s'en sont fait un titre de rente avec coupons détachables. Nos modernes Homais ont aussi appris de Du Tillet, de Bel-Ami et de quelques autres humanistes…

Mais venons-en à leurs enfants, dont vous êtes. Avant de me lancer dans le livre sur lequel je souffre, j'étais en train d'écrire un roman sur les néobourgeois dont le héros est un garçon à peine plus âgé que vous et qu'une circonstance fortuite conduit à se pencher sur ses géniteurs. J'ai été frappé que ce soit ce mot, "géniteur", qui vous vienne le premier sous la plume pour désigner vos parents. Le néobourgeois (sauf son respect) a engendré – le moins possible – plutôt qu'il n'a élevé des enfants. Les élever veut dire qu'on les prépare à l'existence et qu'on se prépare à leur passer la main. Or, nous nous voulons éternels et nous ne lâcherons nos fauteuils que pour nous faire porter vers ce cimetière auquel nous refusons absolument de penser, comme si la mort était, comme l'airbag, en option.

Nous avons fabriqué des adolescents éternels à qui nous avons dit que l'essentiel était d'être soi-même alors que nous savons que n'être que soi-même c'est tirer sur soi la porte de sa prison. Ainsi, comme vous l'écrivez, vous n'avez eu à lutter contre rien. Nous sommes vos amis. Nous vous approuvons. Nous vous remercions de nous donner des leçons. Des leçons que nous vous avons apprises. "Récite le fascisme à papa, mon garçon..." Et nous convoquons les voisins pour qu'ils admirent le petit qui récite si bien... Baisez. Baisez dès que vous voulez, quand vous voulez, avec qui vous voulez. Ça ne nous regarde pas. C'est comme la télévision, ça vous occupe. Ça vous garde en tas, les uns sur les autres, occupés à vous raconter vos petites affaires, à les ressasser comme le font les légumes du Loft. Pour que vous appuyiez sur votre plaisir et sur son partage pour vous construire une existence à vous, il faudrait qu'il y ait des rites, des règles, des transgressions, de quoi vous affirmer. Nous ne tenons pas spécialement à ce que vous soyez construits. Nous vous préférons cartilagineux. Le sentimentalisme niaiseux de votre génération-bisous nous assure que vous êtes toujours des enfants.

Je n'ai pas renoncé à mon roman. J'en ai écrit quatre chapitres. Mais, dans la nuit qui a suivi le premier tour de la présidentielle, j'ai éprouvé la nécessité indiscutable de réagir "à chaud" sur la farce qui allait suivre l'ascension de Jean-Marie Le Pen. Votre lettre m'y encourage comme elle m'encourage à reprendre le roman dès que l'essai sera terminé. J'ai cru comprendre que vous savez d'expérience que rien n'est plus nécessaire à celui qui écrit que des encouragements aussi personnels que ceux que vous me prodiguez. Je vous donne donc une vigoureuse accolade, en attendant de vous voir mardi, *Inch'* la météo. S'il pleut, nous irons dîner. »

# Obaldiabolique

À peine avais-je fait la connaissance de René de Obaldia, l'un des dramaturges français les plus joués au monde, que j'arrêtai le projet et conçus le ferme propos de devenir son ami d'enfance. Cette chimère s'était impérieusement imposée à mon esprit par des raisons d'une incontestable obaldialogique : l'auteur du *Cosmonaute agricole* avait exactement l'âge de mon oncle Palamède, le frère mon père (qui était fils unique, c'est par là que la chose atteint à l'obaldie). Si l'on me presse de dire pourquoi j'ai aimé Obaldia *at first sight*, comme on dit dans le patois de son pays de naissance, la Chine de Hong Kong, je dirais que c'est pour mille raisons, chacune absolue, incontestable et étonnante. Je mentionnerai pour mémoire le peu de chances que j'avais à ma naissance de voir ma vie illuminée par la rencontre d'un être en droit de se parfumer d'être le fils d'un Panaméen et d'une Picarde. Et même d'être simultanément l'arrière-petit-fils du deuxième président de la République du Panama et le cousin de Michèle Morgan. Un être né si chétif que sa mère fut avertie, dès le lendemain de ses couches, de se préparer à ce qu'il ne vive pas, mais dont je devins l'ami alors qu'il naviguait vers les 90 ans. La vie, d'ailleurs, ne le quitta que tardivement et à regret, ayant attendu qu'il ait soufflé 103 bougies. Ajoutons que le géniteur de notre phénomène exerçait à Hong Kong les fonctions de consul du Panama.

Bien que les populations de ce pays soient fondées à s'en montrer mécontentes, on ne peut pas se cacher que les mots « consul du Panama » sont définitivement appariés dans l'imaginaire national aux Sud-Américains de fantaisie qui se sont illustrés sur les scènes de l'opérette et du théâtre. Un consul du Panama est nécessairement parent du Brésilien flambeur et noceur d'Offenbach et du général argentin de Feydeau, condamné à mort pour avoir perdu au baccara l'agent destiné à l'achat de navires de guerre. Bien entendu, nul ne fut plus éloigné de ces personnages que José Clemente de Obaldia, qui représenta son pays dans la colonie britannique sans que l'on sache que sa vie ait prêté le flanc aux extrapolations extravagantes d'un auteur de vaudeville ou d'un librettiste d'opéra-comique. Toutefois, la soudaine disparition encore inexpliquée de cet irréprochable diplomate quelque part en Chine continentale alors que son fils n'avait pas 6 ans, si elle ne nous ramène pas à l'univers du Palais-Royal ou des Bouffes-Parisiens, ne laisse pas d'offrir un aperçu vers l'univers de la bande dessinée. (On voit par là que celui qui écrivit *Le Satyre de la Villette* était bien armé pour concevoir des pièces de théâtre qui conduisent insensiblement le spectateur à admettre des situations qu'il se serait refusé à imaginer.)

Si j'ajoute qu'*el Señor* René de Obaldia fut grand-croix Manuel Amador Guerrero et commandeur de l'ordre de Balboa, il ne se trouvera pas un lecteur de *L'Oreille cassée* ou des *Sept Boules de cristal* qui ne comprendra l'irrésistible attraction que put exercer le titulaire de pareilles distinctions sur un esprit tintinophile. Elles figurent la perfection des décorations : leurs rubans chatoient des couleurs les plus baroques, leurs bélières sont raffinées comme des bijoux. L'ensemble est tout à la fois d'une gravité équatoriale et d'une jeunesse de Nouveau Monde. Lorsque je le vis pour la première fois paraître portant ces bimbelots, j'augurai qu'il ne serait pas surprenant de voir quelque jour le commandeur Obaldia nommé premier lord de l'Amirauté de la République de Bolivie. Ce serait pour cette nation, un moyen très efficace (peut-être le seul) de recouvrer l'accès à la mer dont l'a cruellement privé le Chili il y a tantôt cent cinquante ans.

Ce Chinois de Panama choisit la France avec une résolution digne d'un Romain, puisqu'elle lui valut de passer de longs mois en Silésie dans une villégiature entourée de barbelés et surveillée par des cerbères plus goths que nature. Le futur auteur de *Monsieur Klebs et Rozalie* fut rapatrié comme grand malade. En toute logique (deux choses reviennent lorsque l'on entreprend d'écrire sur René de Obaldia, la logique et les parenthèses hautement digressives), en toute logique donc, ayant été grand malade jeune, notre héros entreprit de vieillir en grande santé. Quiconque s'est trouvé à même d'observer son coup de fourchette a acquis pour la grande santé du poète des *Innocentines* une considération respectueuse.

Ensuite (je ne sais plus où j'en suis de mes arguments, tant ces parenthèses et digressions me troublent l'entendement), j'ai rencontré René de Obaldia grâce à José-Maria de Heredia dans le département des Yvelines, très exactement sous une tente, chez la sœur de Charles Aznavour. (Cette dame énergique et fragile porte avec modestie et élégance le prénom verdien d'Aïda, et son hospitalité est charmante, distinguée et pluriannuelle. Elle a donc passé le cap des 100 ans.) L'évocation d'Aznavour vient légèrement trop tôt dans mon récit, puisque ce n'est que l'avenir qui me réservait le plaisir de partager le goût non modéré de René de Obaldia pour la chanson, dont il fut indifféremment l'interprète gourmand ou l'auteur imprévisible. Il m'en fit la démonstration à bord d'une voiture américaine et décapotable digne du roi des gitans dont je m'enorgueillissais d'être le propriétaire. Tant qu'à être dans l'anachronisme, pour ne pas dire dans l'achronie, je profite de ce que j'y pense pour préciser que, avant de nous connaître, nous étions René et moi liés par des femmes. Dont une faillit devenir à cause de moi femme-grenouille. La discrétion m'oblige à n'en pas dire davantage, car la famille de cette dame est l'une des plus anciennes qui soient et feu son père commanda nos plus imposants navires de guerre. (Il n'alignait pas moins de trois noms de noblesse et fut pour cela surnommé « Ces Messieurs » par les marins dont la coutume est de donner des surnoms à leurs amiraux. Ainsi l'amiral Mercier de Lostende était-il rebaptisé « l'Épicier de Cancale » et l'amiral Le Moine des Mares « le Capucin de l'Étang ».)

Cependant, puisque nous en étions au chapitre du beau sexe, j'ai dit qu'il fut le cousin de Michèle Morgan, qui n'est pas moins picarde que lui. C'est une actrice considérable : une encyclopédie consacrée au cinématographe précise qu'elle « joua souvent les femmes déclassées, *et même aveugles* ». On voit par là que, sinon tout, du moins beaucoup de choses se tiennent. Alexandre Vialatte l'avait établi dès longtemps. Obaldia n'a cessé de chérir Vialatte. Quant à Heredia, j'ai oublié de dire qu'il avait vécu et même était mort dans le château de Bourdonné, dont Aïda Aznavour était devenue propriétaire, en compagnie de son gendre Henri de Régnier et de sa fille Marie, dont mon arrière-grand-mère disait qu'elle avait un fort penchant pour l'escarpolette, ce qui était la manière élégante de dauber sur les aventures qu'elle entretint avec Pierre Louÿs.

Ai-je dit (ce sera mon ultime divagation) que, lorsque je fis la connaissance de notre premier (et jusqu'à présent unique) exobiographe, il était accompagné d'une Australienne francophone de 9 ans comme on trouve quelquefois (mais rarement) parmi la population de l'ancienne Seine-et-Oise ? Elle s'était échappée de l'école primaire locale sous la conduite de son instituteur dans le but de réciter devant des gens le sonnet « Les Conquérants », qui est un terrible sonnet à réciter, surtout à 9 ans. Le poète de *Sur le ventre des veuves*, campé sur *La Jument du Capitaine*, se livra à son tour au même exercice. Étant enfantin depuis bien plus longtemps que la jeune Australienne et avec infiniment plus d'expérience et de savoir-faire dans l'art de l'être, il la surpassa en enfance et malice. Il n'en représentait pas moins l'Académie française. (Il y siégea au fauteuil inauguré par un autre facteur de sonnets, Saint-Amant, à qui l'on doit ces vers plus obaldiaboliques qu'hérédivins : « Accablé de paresse et de mélancolie, / Je rêve dans un lit où je suis fagoté, / Comme un lièvre sans os qui dort dans un pâté, / Ou comme un Don Quichotte en sa morne folie ».) Plus tard, je devais voir le romancier de *Tamerlan des cœurs* pratiquer la divination sur la montagne d'Aubrac. (Il épata une dame d'affaires en devinant le nom du château des bords de Loire où elle avait habité des années plus tôt. Il y avait un truc. Il me le révéla le lendemain.)

Enfantin et majestueux avec le même naturel qu'il mit à être d'ici comme de nombreux ailleurs, de maintenant comme de différentes époques (dont certaines non encore survenues et d'autres n'ayant jamais existé), tel m'apparut ce jour-là, comme depuis, René de Obaldia, mon futur ami d'enfance : un oxymore irréfutable. Un oximmortel.

# Une chose de sa vie

Si je cherche à dire quelle qualité émanait de Claude Sautet, attirait vers lui et faisait espérer sa sympathie et, peut-être, son estime, c'est la probité qui s'impose à mon esprit. C'est la disposition d'un caractère qui cherche à découvrir et à exprimer la justesse au plus près, à ne pas se payer de mots, d'apparences, de masques ou de mirages. Je dois à Bertrand Tavernier d'avoir fait sa connaissance et à la musique d'avoir suscité sa cordialité. Son premier métier avait été la critique musicale dans les colonnes de cet inimitable – et inimité – quotidien fourre-tout de la liberté, *Combat.* Il y écrivait sur le jazz, mais nourrissait en privé une dilection croissante pour la musique classique. Pendant ses études secondaires, élève de son propre aveu nul en classe et mal à son aise, il avait connu des moments de grâce à la chorale, sous la férule d'un maître de chœur dont il se rappelait avec reconnaissance les qualités humaines, pédagogiques et musicales. Il connaissait *Revenez quand vous voulez*, mon émission vouée à faire fondre la timidité qu'inspire à beaucoup la « grande musique ». Il accepta d'en être l'invité et d'en composer le programme d'un dimanche. Nous avions déjeuné chez moi pour le préparer. J'avais été frappé par sa concision. Toutefois, si son laconisme pouvait surprendre, il n'était pas destiné à tenir à distance ni ne trahissait autoritarisme ou sécheresse. Il savait ce qu'il avait envie d'entendre, il en avait travaillé la liste et l'ordre d'exécution. Voilà. À moi de jouer, puisque c'était convenu.

Contrairement à la plupart des invités, dont les choix étaient le plus souvent éclectiques, il concentra une grande partie de son programme sur Bach. D'abord avec la cantate 78 *Jesu, der du meine Seele* (« Jésus, toi qui es mon âme »), qu'interprétèrent Agnès Mellon et Dominique Visse, rayonnant de jeunesse et de la complicité qui était la leur à la ville. Il s'agissait pour Sautet de contrer l'idée répandue de la gravité, de la sévérité du Cantor de Leipzig. (Il s'indignait d'avoir même entendu qualifier sa musique de « lourde ».) Ce morceau, il l'avait chanté en chœur et il le savourait exécuté en duo. En l'observant pendant l'exécution de Mellon et Visse, je voyais à quel point la manière dont les deux interprètes traduisaient la légèreté de cette pièce le ravissait et atteignait son objectif. « Si on aime le jazz et Bach, s'exclama-t-il, c'est bien qu'il y a une raison ! » Son deuxième choix était l'adagio de la *5^e^ sonate pour piano et violon*. Jeff Cohen et Olivier

Charlier en traduisirent ce côté que Sautet qualifiait de secret et introverti. « La pudeur noble des phrases coulées. » Ébaudi, Claude applaudissait fougueusement et ne criait pas « bravo », mais « merci ». Je trouvais émouvant qu'il raconte éviter d'écouter seul cette musique et la musique en général, qu'il dise avoir besoin de quelqu'un avec lui pour mieux ressentir son plaisir et son émoi.

La dernière pièce de Bach choisie par Sautet était l'une des plus constantes et des plus anciennes sources de ses ravissements. L'une des plus simples aussi, mais d'une simplicité prolifique et somptueuse, matrice d'une série de variations que Bach indiquait avoir conçues « pour la pratique et le profit des jeunes musiciens désireux de s'instruire et pour la jouissance de ceux qui sont déjà rompus à cet art ». Jay Gottlieb avait accepté d'interpréter le premier des deux cycles de vingt-quatre préludes et fugues du *Clavier bien tempéré* « dans tous les tons et demi-tons, tous deux avec la tierce majeure ou *ut*, *ré*, *mi* et avec la tierce mineure ou *ré*, *mi*, *fa* ». Enthousiasmé par son interprétation, Claude Sautet me fit signe qu'il allait troubler le cours prévu de l'émission : « Là, il faut que je lui parle. » Et puisque Jay Gottlieb était d'habitude l'interprète des compositeurs contemporains les plus illustres, Adams, Scelsi, Ohana, Messiaen, Cage, Ives ou Ligeti, Sautet lui demanda ce que l'interprétation de ces maîtres d'aujourd'hui avait apporté à sa façon de concevoir celle de Bach, puis leur conversation dériva sur les œuvres de ces musiciens de notre temps, le cinéaste bombardant de questions le pianiste pendant que, bien que ravi d'être dépossédé de la conduite du programme d'une manière aussi exemplaire de ce que je rêvais de réussir, je me demandais avec inquiétude comment nous allions faire tenir dans le temps imparti les autres morceaux choisis par mon invité et dont je ne pouvais priver ni les interprètes, ni les téléspectateurs. Ce souci n'échappa pas à Claude et lorsqu'il eut trouvé une conclusion à sa conversation avec Jay Gottlieb, nous limitâmes d'un commun accord nos présentations des morceaux suivants, tous signés de Ravel : le pantoum de son *Trio*, et sa toccata, « tout le côté sadique de Ravel instrumentiste médiocre qui, dans sa musique de chambre, plaçait les interprètes devant de terribles défis d'exécution ». Au sortir de l'émission, mon assistant, Patrick Scemama, me dit : « Si tu voulais montrer ce que c'est qu'aimer la musique, c'est fait ! »

Quelques semaines plus tard, Sautet vint déjeuner à la maison. J'avais envie de l'interroger sur ses années avec le chœur de son école. Il n'en avait pas été un simple membre, comme auraient pu le croire les téléspectateurs en écoutant son évocation de cette période de sa jeunesse, mais le principal soliste et le second du chef. Je ruminais quantité de questions, tant sur la manière dont travaillait cet ensemble que sur les possibles rapports entre le temps et le plaisir qu'il avait éprouvés à en prendre toute sa part et son approche de la direction d'acteurs. Soit que le sujet ne l'accrochait pas, soit que mes questions étaient mal ficelées, il n'y répondit que par des phrases dont la fin retombait vite. Je renonçai à mon sujet. S'ensuivit un moment de silence. Il le rompit d'un : « On est bien chez vous. On n'a pas besoin de parler. Vous voyez, avec mon meilleur ami, nous nous connaissons depuis nos 14 ans.

Eh bien chaque fois que nous allons nous voir, j'ai le trac. J'ai même les mains moites. Je ne sais jamais si je saurais quoi lui dire. » Le café bu, il choisit de réécouter le *Trio* de Ravel, dans la version Kantorow, Muller, Rouvier. Trois ans plus tard, pour la première fois, il choisissait une œuvre classique pour un de ses films et confiait à chacun des instruments du *Trio* de Ravel le soin d'entrer en résonance avec les trois protagonistes d'*Un cœur en hiver*.

# Un travail à plein temps

Les organisateurs de la Comédie du Livre de Montpellier nous avaient placés côte à côte. J'avais déjà rencontré Jean d'Ormesson à plusieurs reprises chez des amis communs. Il ne brillait pas encore au firmament des auteurs à succès, mais il avait franchi le seuil de leur cercle. Loin derrière lui dans les tirages, j'avais eu la chance d'un très bon accueil pour mes trois premiers livres. Je signais le quatrième tandis qu'il puisait dans la pile de ses titres au rythme exigé par le flot de ses lecteurs. Il me proposa de partager avec lui la pause-déjeuner. « Philippe, me dit-il après que nous avions trouvé un coin tranquille, vous ne savez pas signer. » « Comment, je ne sais pas signer ? » « Non. Je ne vous offenserai pas en vous faisant remarquer que les visites à votre table ont été espacées… Disons que, même si à la fin de la matinée vous avez écoulé un gentil nombre de vos livres, cela s'est fait au compte-gouttes, avec de nombreux moments de blanc entre deux visiteurs. Ce sont ces blancs que vous éviteriez si vous saviez signer. » « Bon, lui dis-je, intrigué et amusé, comment évite-t-on les blancs ? » « Prenons, reprit-il, la dernière dame qui vous a rendu visite. Je vous ai observé. Vous lui avez demandé son prénom (Brigitte), vous avez écrit sur la page de garde "Pour Brigitte, cordialement", suivi de votre griffe, et vous l'avez laissée partir. Certes, elle avait l'air contente, mais vous vous êtes retrouvé sans personne devant votre table. Apprenez que d'abord, quand on signe, il faut mettre la date et le lieu ; ça valorise votre signature. Lorsque les personnes qui vous l'ont demandée la montreront à leur entourage, ce sera comme un signe de plus qu'elles vous ont rencontré... Ensuite, si vous voulez éviter ces blancs, ce vide, vous devez garder Brigitte le plus longtemps possible. Intéressez-vous à elle. Demandez-lui si elle est de la ville. Si elle en est, la trouve-t-elle agréable ? Que vous dirait-elle pour vous convaincre de vous y installer ? Interrogez-la sur son métier. Inquiétez-vous d'en connaître les bons et les mauvais côtés... Bref, conservez Brigitte jusqu'à ce que quelqu'un, la voyant deviser avec vous, songe à se joindre à votre duo. Tenez encore jusqu'à ce qu'il y ait au moins trois personnes devant votre table. Vous pourrez alors rendre Brigitte à ses occupations, à condition de traiter sa successeure de même manière. Vous verrez qu'il finira par se former une petite file d'attente. Elle deviendra continue parce qu'elle donnera l'impression que ça marche. Et, dans l'esprit public, si les choses marchent, c'est parce qu'elles ont du succès... »

Je fis mon profit de cet avis amical, simple et tout d'exécution. Des années plus tard, Jean d'O et moi avions publié chez un même éditeur deux ouvrages qui avaient connu une bonne fortune (le sien bien sûr meilleure encore que la mienne, mais je n'avais pas à me plaindre). Le patron de notre maison d'édition commune eut l'élégance de nous inviter à dîner dans un restaurant triplement étoilé où il avait également convié notre éditrice, Nicole Lattès, sa principale collaboratrice et amie de Jean, Malcy Ozannat, Bernard Pivot et sa compagne de l'époque. En entrant dans le restaurant, le sommelier me prit par le bras. Je le connaissais de longue date, l'ayant vu quasiment débuter dans un restaurant de bien moindre importance, mais qui avait aussi acquis bonne réputation. « Monsieur Meyer, je suis très embêté : votre hôte a commandé un excellent meursault, mais nous avons reçu un condrieu vraiment admirable et je serais désolé que M. d'Ormesson, M. Pivot, vous-même et ces dames ne puissiez pas en profiter. Il est à peine plus cher que le meursault, mais je n'ose pas le proposer à votre hôte. » « Qu'à cela ne tienne, Pierre, je m'en charge. » Leonello Brandolini, notre hôte, était en train de bavarder avec Jean. Je lui fis part de l'embarras du sommelier. Jean se prononça en faveur du condrieu et Leo se laissa facilement convaincre.

Passé à table, le condrieu justifia au-delà de mes espérances les éloges du sommelier, qui eut droit aux félicitations de toute la tablée, spécialement de Bernard Pivot, dont on sait la science et le goût en matière de vin. En me resservant, il me dit à l'oreille : « N'est-ce pas que nous avons eu raison ? » « Raison, oui et non, car maintenant que j'ai goûté à ce condrieu-là, je n'aurai plus qu'à rêver d'avoir les moyens d'en faire entrer dans ma cave.» «Oh, Monsieur, pour vous remercier de m'avoir soutenu, je crois que je pourrais vous en avoir six bouteilles au prix où nous le payons. Peut-être douze. Est-ce que je peux vous demander votre téléphone et votre adresse?» «Et comment!» Quelques instants plus tard, le sommelier vint poser à côté de moi sur la table un papier et un crayon. Jean, en face de qui j'avais été placé, se jeta en avant et, d'un ton étonné, légèrement inquiet, peut-être même un brin fâché, il me lança: «Qu'est-ce que vous faites, Philippe? Vous signez un autographe?» Je le détrompai, mais ce soir-là, j'ai compris qu'être Jean d'Ormesson, c'était un métier.

# Des deux côtés du rideau

J'avais 8 ans et ce serait ma première pièce : *Cyrano de Bergerac,* avec Pierre Dux, au Sarah-Bernhardt, aujourd'hui théâtre de la Ville. Quelques jours avant, on me donna le texte. La découverte du théâtre n'allait pas sans préparation. Il y fallait aussi une tenue appropriée et un cérémonial léger, mais sensible. Ma grand-mère s'y pliait et s'apprêtait en dimanche, signe que ce n'était pas à l'école qu'elle m'accompagnait. Elle semblait partager, bien que sur un mode mineur, mon impatience, ma nervosité et mon appréhension. Nous déjeunâmes plus tôt que d'ordinaire, il ne fallait pas risquer d'arriver en retard. On ne nous aurait pas laissés entrer, signe que notre destination était différente de la messe. Le trajet de Saint-Lazare au Châtelet fut une sorte de propédeutique à l'entrée dans un monde à part. Vus de la plateforme de l'autobus, les grands magasins, l'Opéra, le Palais-Royal, la colonnade de Perrault, le quai du Louvre, les bouquinistes, le pont des Arts derrière, le Pont-Neuf devant, la coupole de l'Institut, la place Dauphine, les bruyants animaux du quai de la Mégisserie (« Qu'est-ce que c'est qu'une mégisserie, grand-maman ?... Alors, ces bêtes, on va les tuer pour tanner leur peau ? »), les bouquinistes encore, la Seine, la Conciergerie et enfin la place et ses deux théâtres presque jumeaux. Nous avions avancé de décor en décor, de merveille en chef-d'œuvre. Voilà dans quel esprit je découvris le théâtre, Cyrano et Pierre Dux.

Donc, j'avais lu la pièce. Le rideau levé, je n'en mesurais que mieux la distance, le fossé, l'univers qui sépare la lecture de la représentation. Le nez, je me l'étais représenté comme le décrit la tirade : un roc, un pic, un cap, une excroissance, une trompe. C'était un simple tarin en pied de marmite un peu accentué, mais Pierre Dux le portait comme un lépreux sa clochette ou un bagnard sa marque au fer. Il attirait l'attention sur cette protubérance. À force d'en parler, il la faisait voir. Elle grossissait à vue d'oreille. Ce nez évoqué, *cosa mentale*, gênait davantage que n'aurait pu le faire un postiche outrancier. Ce n'était que la partie émergée d'une blessure inguérissable, le symptôme d'une maladie mortelle.

Peut-être avais-je espéré – j'avais l'âge où l'on fréquente Guignol – que l'histoire de Cyrano ne se déroulerait pas en scène de la même manière que dans le livre : après tout, ce sont des personnages vivants qui l'interprétaient, et qui sait s'ils ne décideraient pas de modifier le destin que leur avait attribué Rostand. Pierre Dux me ferma au nez d'entrée de jeu cette porte imaginaire. Son Cyrano n'était pas le cinquième de ces mousquetaires dont je découvrais les aventures, ce n'était pas un de ces jeunes gens insouciants, habiles et téméraires, c'était un condamné marchant à son supplice. Un désespéré de ne savoir que se faire craindre. Et lorsque Roxane fit sa première entrée, je vis bien qu'il était vain d'attendre de cette jeune et capricieuse Junon incarnée par Françoise Christophe qu'elle contribue à infléchir les dieux. Plutôt qu'à espérer une fin heureuse, je me mis à craindre que Cyrano ne revienne pas vivant de son équipée à la porte de Nesle. Puis qu'il se fasse tirer comme un lapin par quelque *sniper* espagnol. Dux m'avait transformé en un double de Le Bret. Il ne me restait qu'à prier que l'inexorable tarde à s'accomplir.

J'avais 8 ans et pas assez d'yeux pour pleurer quand, sur la scène du Sarah-Bernhardt, la tête enveloppée d'un linge, ayant sans conviction taquiné Sœur Marthe, Cyrano trébucha sur l'énoncé de sa gazette : « Et samedi, vingt-six, une heure avant dîné… » Portant sur ses épaules l'injuste malchance qui s'abat au hasard sur les créatures peuplant ce monde sublunaire, Pierre Dux venait de célébrer le rite par lequel le comédien exhausse la peine des hommes jusqu'à son personnage et la fait fondre en larmes.

Je n'ai jamais cessé d'aller au théâtre. Adolescent, puis jeune homme, dans les années 1960 et 1970, j'y trouvais une provende d'une richesse éblouissante. Elle m'a séduit, surpris, nourri au-delà de ce que j'avais senti que pouvait m'apporter le théâtre lors de cet après-midi au Sarah-Bernhardt. Il n'est besoin que d'en énumérer quelques moments pour en traduire le foisonnement. Je fréquentais la Comédie-Française aussi bien que le TNP, les boulevards où l'on découvrait les nouveaux dramaturges anglais, les endroits insolites où l'art dramatique n'avait encore jamais trouvé asile : le cirque Medrano où Ariane Mnouchkine et le Théâtre du Soleil donnèrent *La Cuisine* d'Arnold Wesker puis le *Songe*, le dernier pavillon de Baltard encore debout aux Halles, dont Luca Ronconi tira un parti marqué par une énergie bouillonnante pour son *Orlando furioso*... J'ai la mémoire habitée par Georges Wilson et Jacques Dufilho, dans *Le Gardien* de Pinter, au TNP, par Robert Hirsch, ébouriffant Bouzin du *Fil à la patte*, à la Comédie-Française. Au théâtre Antoine, Delphine Seyrig, Jean Rochefort, Jean-Pierre Marielle, Claude Piéplu et Henri Garcin servaient, avec *La prochaine fois je vous le chanterai* de James Saunders, une implacable mise en doute du théâtre dans le théâtre. À la Cartoucherie, je revois Joséphine Derenne dans *Les Clowns* et Gérard Hardy dans *1789* ; aux Bouffes-du-Nord, le *Timon d'Athènes* de Peter Brook, avec François Marthouret et Maurice Bénichou au milieu d'une troupe multicolore dont les accents composaient une sorte de marqueterie sonore. J'ai été emporté par les extravagances habitées du Grand Magic Circus et ses animaux tristes de Jérôme Savary au théâtre de la Cité internationale, par *La Dispute* revisitée et assombrie par Chéreau à la Gaîté-Lyrique, par les bouffonneries éblouissantes et les cabrioles poétiques de l'*Arlequin serviteur de deux maîtres* que proposait Giorgio Strehler au Festival d'automne et que j'ai revu, trente ans plus tard, à l'Odéon, sans qu'il ait pris une ride ; par *Le Regard du sourd*, et la découverte du théâtre d'images avec Bob Wilson à l'espace Cardin, par Jean-Claude Grumberg et *L'Atelier* où, entre badinages et sanglots, tailleurs et couturières juifs voient ressurgir ce qu'ils s'efforcent d'oublier, par Jeanne Moreau, mise en scène par Klaus Michael Grüber dans ce *Récit de la servante Zerline*, où les prédateurs succèdent aux prédateurs dans une Allemagne entre deux guerres, et par Avignon, lorsque le festival engloutissait le spectateur dans les neuf heures ininterrompues du *Mahābhārata* à la carrière de Boulbon et les douze heures non-stop du *Soulier de satin* dans la cour d'honneur... Aujourd'hui, d'autres metteurs en scène, d'autres interprètes, d'autres lieux me nourrissent ou me hérissent, d'autres découvertes me conduisent par d'autres chemins. Mais ce sont dans ces années-là et avec ces artistes-là que moi, l'ancien pensionnaire de ces internats dont Bernanos évoquait « les préaux funèbres (et) les réfectoires à l'haleine grasse », j'ai fait mienne cette naïve certitude exprimée par Jean, fils d'Edmond Rostand – la boucle est bouclée –, dans son discours de réception à l'Académie française : « Les personnages de théâtre sont les correspondants chargés de nous faire sortir de cet éternel collège qu'est la vie. Nous en sortir pour nous donner le courage de rentrer ! »

J'avais été initié très tôt au plaisir de la musique par l'écoute des différentes versions d'une même œuvre lyrique ou instrumentale que *La Tribune des critiques de disques* demandait à ses invités musicologues d'écouter à l'aveugle, puis de commenter. J'ai recherché et goûté cette même diversité chez les acteurs et les metteurs en scène.

Je me souviens des deux Agrippine d'Annie Ducaux et de Denise Gence, si incontestables, mais si contradictoires, l'une en majesté, l'autre en fourberie, de l'Agnès d'Isabelle Adjani, bloc de naïveté qui s'effritait peu à peu, et de celle d'Isabelle Carré, vitalité comprimée qui sourdait comme d'un forage, du pépère pervers du *Tartuffe* de Francis Blanche (mais oui, au Palais-Royal…) et du fanatique islamiste glaçant de Shahrockh Moshkin Ghalam, à la Cartoucherie, de la Célestine d'Annie Cordy et de celle de Jeanne Moreau, de *La Mouette* d'Antoine Vitez et de celle de Philippe Adrien, du Cyrano (encore lui…) épatant d'insolence de Jean Piat (quarante et un rappels à la première, un de plus que Coquelin le soir de la création) et de celui, à vif de Michel Vuillermoz… Si on me donnait autant de coups de pied au derrière que j'ai vu de fois certaines pièces, je serais assis sur la lune… Chaque comédien, chaque actrice qui parvient à renouveler un rôle réussit un miracle qui me cause une immarcescible félicité. Dans la mise en scène crépusculaire du *Malade imaginaire* conçue par Claude Stratz, l'une des rarissimes présentations d'une œuvre qui tient encore la route vingt ans et plus de cinq cents représentations plus tard, Muriel Mayette campa, au Français, une Toinette totalement inédite. Au lieu de la servante, généralement accorte, dont le bon sens et la malice font obstacle aux projets d'Argan, la Toinette de Muriel était une sorte de chatte sauvage animée d'une colère qui teintait sa drôlerie d'une âpreté féroce.

Lorsqu'en 2006, dans un contexte tendu, elle fut nommée administratrice générale de la Comédie-Française – la féminisation n'était pas encore de règle – une journaliste circonvenue par les partisans du renouvellement de son prédécesseur publia d'elle un portrait où se mêlaient les moins ragoûtantes ordures des règlements de comptes. Titré « Madame Sans-Gêne » (un rôle que Muriel avait interprété), instillant le doute sur son honnêteté morale, dénigrant son physique, moquant la gaucherie supposée de sa gestuelle, ironisant sur la couleur de ses cheveux ou sur le timbre de sa voix, l'article touchait le fond en accusant Mayette de n'évoquer la mort tragique de son fils de 5 ans que pour attirer une sympathie qui ferait taire les critiques.

J'appris plus tard que ce sujet n'était venu dans l'interview qu'à l'initiative de l'intervieweuse, mais ce détail n'était pas nécessaire pour que je consacre une chronique de France Culture à exprimer la répugnance que m'inspirait un pareil papier. Muriel souhaita faire ma connaissance. Je lui soumis l'idée d'enrôler les comédiens de sa troupe et d'enregistrer avec eux quelques-unes de ces petites pièces de théâtre que sont les chansons pour mon émission de France Inter (baptisée *La prochaine fois je vous le chanterai* en hommage à la pièce de Saunders). Elle me donna volontiers son *nihil obstat*, tout en m'avertissant que, sur la soixantaine de pensionnaires et sociétaires, je n'en trouverais pas plus de cinq ou six capables de chanter. Le projet annoncé, une grosse vingtaine d'entre eux vint m'écouter en exposer les détails. Je m'embrouillais dans des explications inutiles sur mon goût pour la chanson, sur mon souci d'en faire partager le répertoire à une époque où l'industrie du spectacle avait réussi à domestiquer l'audiovisuel et à le conduire à ne diffuser, et même à ne matraquer, que des productions récentes, bref, je les ennuyais car j'étais hors sujet, tel ce chef d'orchestre que j'avais vu et entendu expliquer Mozart à un orchestre qui n'attendait que des précisions sur ses tempos.

Sentant mon public m'échapper, je lui proposais d'écouter l'une des chansons que je souhaitais leur confier, « Le Moucheur de chandelles », petit bijou d'exposition de la frustration d'un homme resté à la porte des illusions du théâtre et de la savoureuse tristesse que laisse l'éphémère d'une représentation. La chanson fit pour mon entreprise tout ce que mon discours sur la chanson avait failli faire manquer et l'affaire entra dans le sac. Des cinquante-six membres de la troupe, seuls trois ne participèrent pas aux enregistrements. Deux, à regret, parce que leurs engagements, dans et hors du Français, ne coïncidèrent jamais avec les dates de mes séances en studio, et une parce que, quoique fort douée pour le chant, elle en avait la pratique en horreur.

J'eus soin de composer pour notre premier enregistrement une liste de chansons variées, allant de la comédie au spleen, de la poésie à la satire, de la fantaisie au recueillement. La félicité des interprètes fut immédiatement récompensée par les réactions des auditeurs. Au Français, je sus que certains, qui n'avaient pas été de cette première fournée, en chantaient dans les couloirs les airs entendus à la radio. Muriel Mayette, ravie de la tournure que prenait le projet, négocia avec France Inter une convention qui nous permettait de poursuivre. Mon travail était simple et tout d'exécution. Il était impossible de changer les dates d'enregistrement que Radio France m'avait attribuées. Une fois connue la liste des comédiens disponibles le jour J, la seule donnée que je pouvais aménager, c'était la liste de ceux que je retiendrais pour composer une compagnie aux personnalités et aux capacités diverses. Il me fallait quelquefois obtenir la bienveillance d'Aliette Martin, qui avait la haute main sur les distributions, pour faire entrer dans mon projet telle actrice officiellement « réservée » par un metteur en scène ou tel acteur censé être en congé. À bas bruit et à grande efficacité, Aliette ne ménagea jamais son appui à ce que d'autres, dans l'administration, appelaient avec dédain « les chansonnettes ». Il me fallait ensuite trouver deux titres pour chacun des six interprètes choisis, plus un ou deux qu'ils puissent donner à plusieurs… Toutes et tous sont de remarquables acteurs, mais si tous et toutes sont capables de chanter, les unes et les uns peuvent donner de la voix, dominer une salade d'aigus et de graves, passer du hautbois au piccolo, alors que les autres et les unes ne doivent pas s'aventurer au-delà d'une octave. C'est justement tout ce dont disposait Yvette Guilbert, qui subjugua Freud, enchanta Proust, et triompha à Carnegie Hall comme sur les autres grandes scènes américaines et européennes non pour sa voix, mais pour ses qualités de diseuse. Aux comédiens peu dotés en registre vocal, il m'appartenait d'attribuer des chansons qui ne leur donnent pas de soucis et leur permettent d'exprimer leurs talents d'acteur.

Dès le début, tous furent rassurés et conduits au meilleur de leurs capacités par notre pianiste et arrangeur, Pascal Sangla, ancien du conservatoire de musique de Bayonne et du conservatoire d'art dramatique de Paris. Comédien, il connaissait de l'intérieur le trac et les tracas qu'amène chaque nouvel emploi. Pédagogue dégourdi et, lorsqu'il le fallait, matois, il repérait avec finesse le moment où les difficultés pouvaient être abordées, les erreurs corrigées, quitte en cas de nécessité à aménager la partition sans la trahir. Quel que soit le sérieux que nous mettions à notre travail, le plaisir nous en était le plus constant aliment, partagé avec la réalisatrice de l'émission, Perine Menguy, que toutes les chaînes de Radio France se disputaient et qui, lors des enregistrements, savait apporter aux interprètes le même genre de soutien avisé.

Pour notre petite troupe à géométrie variable, nous avions réuni un mini-ensemble permanent et complice : Anne Causse au violoncelle, Frédéric Dessus au violon, et le compagnon de tous mes spectacles et camarade de toutes leurs tournées, l'accordéoniste Jean-Claude Laudat. Le climat créé ne fut pas pour rien dans la constance mise par la troupe à partager notre projet six années durant. Il formait contraste avec l'ambiance instaurée aux mêmes moments par certains metteurs en scène qui faisaient peser sur leur distribution le poids de leurs incertitudes ou le fardeau de leurs mauvaises manières. Un beau matin de 2009, Muriel Mayette me demanda sur un ton d'étonnement teinté de remontrance – c'était sa manière – pourquoi, avec les dizaines de chansons apprises pour France Inter, je ne lui avais pas encore proposé de monter des cabarets. Quelque mauvaise pente que devaient plus tard descendre ses relations avec la troupe et avec moi, je ne garde d'elle que cette marque de confiance qui fit mon bonheur, celui des comédiens et des spectateurs, sous l'œil bienveillant de la presse : *Les Échos* soutinrent que « ce rendez-vous musical de 18 h 30 (était) en passe de devenir le *before* le plus couru de Paris».

Je portais le titre de «directeur artistique». Je ne prétendrais pas que cette responsabilité équivalait à celle d'un metteur en scène aux prises avec un texte du répertoire ou contemporain, mais j'y appris beaucoup sur les acteurs, sur le travail avec eux. Ils y mirent assez d'enthousiasme pour venir passer quelques jours de leurs congés avec et chez moi dans l'Aveyron pour préparer, après un cabaret sur la crise intitulé *Chansons des jours avec et chansons des jours sans*, un autre spectacle, baptisé *Chansons déconseillées*, qui alignait des titres censurés à diverses époques et jusqu'aux années 1970. Là encore, la fête se maria au travail. Il n'y a pas de noms que je ne pourrais citer pour donner des exemples de la vitalité de leur contribution et de l'entrain qui en fut la marque. Nous nous produisîmes trois années durant, passant, pour notre dernière production, des cent cinquante spectateurs du Studio-Théâtre aux huit cents du Théâtre éphémère, édifié dans les jardins du Palais-Royal en substitution de la salle Richelieu, alors en travaux. Peut-être me soupçonnera-t-on d'être passé à côté des rivalités et des conflits qui agitent la Maison de celui qui écrivit, dans *L'Impromptu de Versailles*, «Ah ! Les étranges animaux à conduire que des comédiens !». J'en ai entendu des échos, j'en ai subi les conséquences lorsque les relations entre la troupe et son administratrice générale tournèrent au vinaigre et que les cabarets le payèrent. Mais, tout le temps où nous les avons donnés, j'en ai vécu à l'écart et j'ai même, le plaisir de chanter aidant, sans doute créé une oasis où les comédiens respiraient un air sans miasmes.

Conduits dans une pareille atmosphère et accueillis par le succès, ces moments partagés représentent la perfection d'une liaison, c'est-à-dire ce qui, dans le registre des sentiments et des attirances partagées, a un commencement et une fin. Mais, en amour, il est rare qu'une liaison se termine au moment où les protagonistes jugent qu'elle a fait son temps. Il y en a toujours un qui espère jouer les prolongations. Dans une entreprise théâtrale, la fin est prévue et il faut s'y préparer : elle vient lorsque cessent les représentations et que chacun passe au projet suivant. L'affection était réelle, les attachements, sincères, les sympathies, authentiques, la camaraderie, patente. Il faut en jouir le temps du travail en commun et ne plus y compter lorsque le rideau est tombé sur la dernière représentation. Cette soudaine évaporation, ce passage de relations solides à l'état gazeux peut laisser amer : Jacques Lassalle, qui avait tant de fois mis en scène la troupe du Français et en avait été l'administrateur général, m'a dit un jour où nous préparions un dialogue pour France Culture, « pour qu'ils viennent à mon enterrement, il faudra que je demande dans mon testament qu'ils y lisent des textes ». Repensant à ses propos au moment d'écrire ces lignes, je me dis que, peut-être, je ferai figurer dans mes dernières volontés le nom de celles et ceux dont j'aimerais qu'ils viennent chanter autour de ma tombe.

DU MÊME AUTEUR

**Ouvrages**

*L'Enfant et la raison d'État* (traduit en anglais et en allemand), Le Seuil, 1977
*Le communisme est-il soluble dans l'alcool?* (avec Antoine Meyer), Le Seuil, 1978
*Justice en miettes* (avec Hubert Lafont), Presses universitaires de France, 1979
*Québec*, Le Seuil, collection « Petite Planète », 1980
*Le Nouvel Ordre gendarmique* (avec Hubert Lafont, en collaboration avec Paul Virilio), Le Seuil, 1980
*Heureux Habitants de l'Aveyron et des autres départements français*, Le Seuil, 1990, « Points », 1998
*Nous vivons une époque moderne*, « Points », 1991
*Ça n'est pas pour me vanter...*, « Points », 1991
*Pointes sèches*, Le Seuil, 1992, « Points », 1994
*Dans mon pays lui-même...*, Flammarion, 1993, « Le Livre de Poche », 1994
*Chroniques matutinales*, « Points », 1993
*Dans le huis clos des salles de bains*, « Points », 1995
*Les Progrès du progrès*, « Points », 1995
*Eaux-fortes*, Flammarion, 1995, « Le Livre de Poche », 1996
*Balivernes pour la levée du corps*, « Le Livre de poche », 1996
*En progrès constant...*, « Le Livre de Poche », 1996
*Dans cette vallée de larmes...*, « Le Livre de Poche », 1997
*Paris la Grande*, Flammarion, 1998, « Folio », 1999
*Portraits acides et autres pensées édifiantes*, Le Cherche Midi, 1999, « J'ai lu », 2001
*Causerie* (avec Olivier Douzou), Les Arènes et France Inter, 1999
*Le progrès fait rage. Chroniques 1,* « Folio », 2000
*Le futur ne manque pas d'avenir. Chroniques 2,* « Folio », 2000
*Du futur, faisons table rase. Chroniques 3*, « Folio », 2000
*Temps de pause* (avec Charles Aznavour, photos de Pierre Jamet, Paul Tourenne et Fred Mella), Éditions Alternatives, 2000
*Répliques. « Le futur ne manque pas d'avenir »* (avec Alain Finkielkraut et Philippe Muray), Éditions du Tricorne, 2001

*Paris la Grande en vers et en chansons* (photographies de Pierre Jahan), Les Arènes, 2001
*Démolition avant travaux*, Robert Laffont, 2002, « Pocket », 2003
*L'avenir peut attendre*, Robert Laffont, 2004, « Pocket », 2006
*Fonds d'écran*, Le Cherche Midi, 2006
*Brusque Chagrin*, Éditions de Fallois, 2005, « Le Livre de Poche », 2007
*Un Parisien à travers Paris,* Robert Laffont, 2009, « Documento », 2013
*Sanguines. Croquis politiques,* Robert Laffont, 2011
*Le ciel vous tienne en joie. Chroniques du toutologue*, Éditions de Fallois, 2013
*Les Gens de mon pays,* Robert Laffont, 2014, « Points », 2016

**Télévision**

« Revenez quand vous voulez », M6, 1986-1989
« De Nuremberg à Nuremberg » (avec Frédéric Rossif), Antenne 2, 1989
« Anicroches », La 7 / Arte, 1989-1991
« L'Heure de vérité », Antenne 2, 1990-1991

**Théâtre**

***Auteur et interprète***

*Causerie* (mise en scène de Jean-Louis Martin-Barbaz), Théâtre Mouffetard, 1997, Théâtre de la Ville, 1999
*Paris la Grande*, Théâtre de la Ville, 2001
*L'Endroit du cœur (avec vue sur l'envers)* (mise en scène de Jean-Claude Penchenat), Théâtre de la Ville, 2003
*Ma radio, histoire amoureuse* (mise en scène de Benoit Carré), Théâtre du Lucernaire (Paris), 2019, Théâtre du Chêne noir (Avignon), 2020
*Paris la Grande revisitée* (mise en scène de Benoit Carré), Théâtre du Lucernaire, 2020-2022

***Metteur en scène***

*Les Maxibules*, de Marcel Aymé, Studio Théâtre d'Asnières, 2002

***Directeur artistique***

Les « cabarets » de la Comédie-Française, 2007-2012

**Filmographie**

*Ça commence aujourd'hui* de Bertrand Tavernier, 1999
*Laissez-passer* de Bertrand Tavernier, 2002
*L'Affaire Picpus* de Jacques Fansten, 2003
*Un échec de Maigret* de Jacques Fansten, 2003

**Discographie**

*Sport et Divertissement* d'Éric Satie (avec Émile Naoumoff et Catherine Marchese), Saphir, 1998
*Le Carnaval des animaux* de Camille Saint-Saëns (avec le trio Wanderer *et al.*), Harmonia Mundi, 2000
*Paris la Grande*, Le Chant du Monde, Harmonia Mundi, 2001

L'exemplaire que vous tenez entre les mains
a été rendu possible grâce au travail de toute une équipe.

Couverture et conception graphique : Éric Pillault
Révision : Éva Baladier, Emmanuel Dazin, Isabelle Paccalet
avec Julie Mandart
Mise en page : Soft Office
Photogravure : Point 11
Fabrication : Marie Baird-Smith et Anna Polonia
Commercial et marketing : Pierre Bottura
Coordination : Jean-Baptiste Noailhat

Relations libraires : Salomé Bernard
Presse et communication : Jérôme Lambert avec Manon Lejeune
Communication digitale : Pierre Bottura avec Marc Blactot,
Adèle Hybre et Soraya Lecroc
Rue Jacob diffusion : Élise Lacaze (direction), Katia Berry
(grand Sud-Est), François-Marie Bironneau (Nord et Est),
Charlotte Jeunesse (Paris et région parisienne),
Christelle Guilleminot (grand Sud-Ouest), Laure Sagot
(grand Ouest), Diane Maretheu (coordination), Charlotte Knibiehly
(ventes directes) et Camille Saunier (librairies spécialisées)

Distribution : Interforum

Droits France et juridique : Geoffroy Fauchier-Magnan
et Marion Rowe
Droits étrangers : Ella Bartlett et Elvire Beaule
Droits audiovisuel, théâtre, podcast : Geoffroy Fauchier-Magnan
Accueil et librairie : Laurence Zarra et Lucie Martino
Envois aux journalistes et libraires : Vidal Ruiz Martinez
Comptabilité et droits d'auteur : Christelle Lemonnier,
Camille Breynaert et Christine Blaise
Services généraux : Isadora Monteiro Dos Reis

Certifié PEFC
Ce produit est issu de forêts gérées durablement et de sources contrôlées.
PEFC
10-31-3068
pefc-france.org

Achevé d'imprimer en mars 2024 à Stains (Seine-Saint-Denis)
chez Déjà Link pour la couverture
et chez CPI Bussière à Saint-Amand-Montrond (Cher)
pour l'intérieur.

ISBN : 979-10-375-1175-1
N° d'impression : 2076895
Dépôt légal : Avril 2024

L'ensemble de cet ouvrage a été réalisé dans le respect
des règles environnementales en vigueur.
Il a été imprimé sur du Lac 2000 PEFC pour l'intérieur
et une carte Conqueror PEFC pour la couverture.